나를
읽다

심리학책 100권을 읽어도
나를 모르는 사람들을 위한
자 기 발 견 의   심 리 학

나를 읽다

경징종 지음 | 이정은 옮김

오아시스
Oasis

사람들 속에서 행복하지 않은 모든 이들을 위하여

나의 목소리와 나의 이야기를 듣고,
나만의 따뜻한 세상을 찾아보자.

마음의 이름을 불러주자

나는 당신에게 몇 편의 이야기를 들려주려 한다. 단지 그뿐, 심리적 문제를 해결하는 매뉴얼을 작성하려는 것은 아니다. 본질적으로 이 책은 자신을 인식하는 방법과 색다른 각도의 관점을 제시할 뿐이다. 자기 자신에 대한 인식은 장기적인 과정을 거쳐 이루어진다. 하루아침에 문제를 해결하거나 인식을 변화시킬 수 있는 비법 따위는 없다. 이 책만 다 읽고 나면 모든 문제가 말끔히 해결될 것이라 기대하는 것은 허황된 꿈에 불과하다. 기나긴 인생, 우리에게 더욱 필요한 것은 계속해서 나를 돌아보고 성찰하는 태도 아니겠는가.

내가 이 글을 쓴 이유는, 너무나도 쉽게 기분이 나빠지는 사람들과 거의 매일 마주쳐야 했기 때문이다. 그런 사람들은 자신의 감정을 다스리는 능력이 떨어지기 때문에 나까지 덩달아 기분이 나빠진다. 급기야는 보다 못해 이렇게 말해주고 싶어졌다.

"바쁘게만 살지 말고 혼자 있는 시간을 좀더 내봐. 그래야 마음을 차분하게 가라앉힐 수 있고, 당신의 감정이나 당신이 겪고 있는 일을 다른 각도에서 더욱 또렷하게 볼 수 있다고!"

혼자 있는 시간 동안, 당신은 감정의 덩굴을 따라 그들을 하나둘 만나게 될 것이다. 그들은 모두 당신 자신이자 당신의 인격으로 무척 흥미로운 친구들이다. 상상의 날개를 활짝 펴면 당신도 상상 속에서 그들과 교류할 수 있다. 그들과 함께 자신을 올바로 인식하고 좀더 정돈된 내면세계를 만들어갈 수 있다.

힘들게 봉인하고 외면해두었던 인격을 굳이 발견해서 끄집어낼 필요가 있을까? 그렇다. 내 안에 숨겨져 있는 서로 다른 마음의 이름을 불러주는 것 자체가 나를 알아가는 과정이다. 소용돌이치는 감정이나 생각에 적당한 이름을 붙여주지 못하면 그것들은 나를 잡고 놓아주지 않는다. 나를 휘두르려는 마음을 알아채고 적당한 이름을 붙여주는 순간, 그들은 언제 그랬냐는 듯 엉덩이를 탁탁 털고 홀가분하게 떠나간다. 적당한 이름을 선물 받은 마음들은 나를 더는 휘두르지 않고 제자리를 찾아가 내가 더 건강한 삶을 살 수 있도록 도와준다.

그들의 이름을 불러주고 그들의 말을 들어주는 건, 나를 더 건강하게 사랑하기 위함이다. 자기비하를 하는 숨은 이유가 나에 대한 기대가 높기 때문임을 알게 된다면 자기비하에 시간을 쏟는 것보다 나에 대한 기대를 충족시킬 방법을 찾는 데 시간을 더 들일 수 있다. 냉담해 보이려는 마음속에는 상처받기 싫다는 욕구가 숨어 있다는 걸 알게 되면, 팔짱 끼고 냉소적으로 세상을 보는 게 아니라 믿을 수 있는 작은 공동체를 찾는 새로운 방법을 모색할 수 있게 된다. 그렇게 내 속에 존재하는 나의 인격을 알고 그들의 이야기를 듣는 것은, 나의 그릇을 키우고 남을 담을 수 있게 도와주는 길이기도 하다.

"나는 절대 그렇지 않아", "왜 그런지 나는 절대 이해할 수 없어"라고 말하는 사람들을 자주 본다. 그들의 모습에서 우리는 결백을 보기도 하지만 옹졸함과 작은 그릇을 보기도 한다. 인정받고 싶어 하는 자신의 모습을 알면 그렇게 행동하는 다른 사람 또한 인정할 수 있게 된다. 상처받기 싫기에 타인을 공격하는 '나약함', 자신을 피해자로 만들면서 다른 사람을 가해자로 몰고 싶어 하는 '결백', 무슨 일을 하든 결단을 내리지 못하고 주저하는 '망설임', 현실이 버거울 때마다 도피하고 싶어 하는 '환상'이 내 안에 있음을 인정한다면 다른 사람 탓만 하면서 보내는 시간도 훨씬 줄어들 것이다. 이렇듯 내 안의 다른 인격을 알아간다는 것은 타인의 여러 인격을 이해하는 출발점이기도 하다.

물론 나의 이런 방법을 우려하는 사람도 있을 수 있다. "그러다 사람들이 다중인격화되면 어쩌려고 그래!"라고 하면서. 나 또한 그런 생각을 안 해본 건 아니다. 그러나 통일된 인격은 자기 영혼에 대한 정확한 인지와 수용, 전환, 발전을 통해 이루어지는 것이지 무조건 억압하고 부정하여 만들 수 있는 것이 아니다. 실제로 거의 모든 사람이 하나 이상의 인격을 지니고 있으며, 매일같이 자신의 인격들과 부대끼며 살아간다. 다만 대부분의 사람이 그것을 미처 인식하지 못하거나 인식하고서도 인정하려 하지 않을 뿐이다.

나는 우리 내면의 인격들 대부분이 성장 과정에서 가로막히고 억압당한 심리적 에너지에서 탄생한다고 본다. 이런 에너지는 물과 같아서 다스린답시고 무조건 제방을 쌓아 가둬두면 언젠가는 터져버리고 만다. 그러니 마음을 터놓고 자신과 솔직히 대화해보자. 합리적으로 소통하면서 다양한 나를 알아간다면 우리 마음속 세계도 자연스레 잔잔해질 것이다.

이야기 형식으로 써내려간 이 모든 과정을 '나와 나의 이야기'라고 부르고 싶다. 이것은 당신이 지금까지 읽어본 어떤 이야기와도 같지 않을 것이고, 그래서 이 모든 이야기에 공감하지 못할 수도 있다. 그러나 한 가지 확실한 것은, 이것이 당신 자신의 이야기를 발견하도록 도와주리라는 사실이다. 모든 이의 마음속에는 한 권의 이야기책이 들어 있고, 모든 이야기 속에는 당신이 발견해주기를 기다리는 또 다른 자아가 숨어 있으니까.

이제, 진정한 나를 찾아보자.

본색을 드러내고 진정한 나를 들여다보자

나와 경징종의 인연은 나의 아홉 번째 책인 《본색(本色)》에서부터 시작되었다. 그는 조용한 성격으로 말수가 적고 일 처리가 꼼꼼했으며, 성공하기 위해 부산을 떨지도 않았다. 한마디로, 있는 듯 없는 듯 늘 고요한 사람이었다. 그런데 아주 오랫동안 만나지 못했던 그가 돌연 나를 찾아왔다. 최근 이 년간 돈을 많이 벌었다며, 그게 내 덕이기도 하다는 것이었다. 그는 내가 《본색》에서 언급한 '자기 성격 노출'의 의미와 힘을 깨닫고, 거기서 영감을 받아 진정한 자신을 찾아보자는 결심을 하게 되었다고 했다. 그 대단한 깨달음의 결과물이 바로 지금 내 손에 있는 이 책이다. 처음 책을 펼쳤을 때, 나는 두근대는 가슴으로 눈물을 글썽였다.

다년간 상담가로 일하면서 나는 외부의 이런저런 영향을 받고 자란 사람들을 무수히 만났다. 그들 대부분은 자신에게 왜 상담이 필요하게 되었는지는 알지 못했지만, '나는 누구인가'에 대한 답을 찾기를 강렬히 원했다. 그래서 끊임없이 진정한 자신을 탐구했다. 나는 그러한 과정을 '자기 성격 노출'이라고 명명했다. 자신을 찾는 방법을 알고 자신의 본색을 들여다보며 진정한 자기 모습을 불러낼 때, 우리는 가장 강한 힘을 갖게 된다. 자신의 본색을 알기 전에는 스스로의 가짜 얼굴을 많이 보게 될 것이고, 그것을 꿰뚫으려면 노력이 필요하다.

이 책에 등장하는 '비굴 씨', '결백 씨', '나약 씨', '냉담 씨' 등은 언뜻 전혀 별개의 존재 같지만 실은 한 사람의 정신세계에 존재하는 다양한 인격이다. 작가의 가짜 얼굴인 동시에 우리 모두의 가짜 얼굴이기도 하다. 자신의 본색을 알아가는 과정에서 반드시 부숴야 할 장애물인 것이다. 물론 나는 경징종 씨가 이토록 다양하고 괴상한 인격을 내보이는 장면은 좀체 상상하기 어렵다. 한결같이 조용한 사람이었으니 말이다. 작가로서도 자신에게 그런 모습이 존재한다는 점을 인정하기에는 대단한 용기가 필요했을 것이다.

아마도 당신 역시 인정하고 싶지 않겠지만, 성격이 제각각인 이 가짜 얼굴들이 당신 자신의 모습이라는 점을 받아들여야만 한다. 이제 당신은 이 책을 통해 자신의 상황을 비춰보고 생각해보기만 하면 된다. 이 책과 함께 당신의 본색을 찾고 진정한 자아를 들여다보기를 바란다.

러지아(樂嘉)

작가, 방송인, 심리 분석가

차례

나약 씨

나약한 영혼에는 쉽게 가시가 돋는다

내가 지니고 태어나지 못한 것이 한 가지 있다.
나는 그것을 찾아 여러 해 동안 헤맸다.
그러던 어느 날 문득 돌아보니, 내 마음속에는 그것이 가득 자라 있었다.

퇴근 후 몸과 마음이 지친 기분이 들어 나 자신에게 느긋한 시간을 주기로 마음먹었다. 다기를 꼼꼼히 닦고 아껴두었던 차를 꺼내 정성껏 우려냈다. 차 향기를 음미하며 천천히 마시노라니 하루의 긴장이 풀리면서 마음이 편안해졌다. 그러나 느긋한 시간도 잠시. 난데없이 마음속에서 커다란 울음소리가 들려왔다. 황급히 들여다보니 열일고여덟쯤 된 소녀가 이불을 둘러쓰고 눈물을 뚝뚝 떨어뜨리고 있었다.

나는 그쪽으로 다가갔다. 언젠가 본 것 같은 얼굴이었다. 나는 소녀를 살펴보며 조심스럽게 물어보았다.

"안녕하세요. 실례지만 당신은 누구세요? 왜 내 마음속에서 울고 있는 거예요?"

그러자 소녀가 고개를 들었다. 예쁜 얼굴에 불만이 가득했다.

"나는 나약이라고 해요. 울기라도 하지 않으면 당신이 날 보러 오겠어요? 당신은 스스로 강하다고 생각하는 사람이라 날 소홀히 했죠. 항상 본체만체하고!"

나는 눈을 비비고 다시 한 번 얼굴을 자세히 들여다보았다. 의아했다.

"당신은 발끈 씨잖아요. 그런데 나약 씨라니?"

그러자 그녀는 내 이럴 줄 알았다는 듯 톡 쏘았다.

"이것 봐요, 글쎄 이렇다니까. 발끈이가 나처럼 여리여리 예쁘단 말이에요?"

나는 눈을 좀더 크게 떴다. 아무리 봐도 표정이 좀 다른 것 외에는 생김새가 똑같았다.

"정말로 발끈 씨가 아니란 말인가요? 아무리 봐도 똑같은데, 표정만 빼곤….'"

"그게 뭐 그리 이상하다고 그래요? 발끈이와 난 쌍둥이예요. 우리는 얼굴이 똑같을 뿐 아니라 마음도 서로 통하죠. 내가 나약해지면 발끈이가 그걸 느끼고 성질을 부려서 날 보호해주거든요. 우리 둘은 늘 붙어 다니는 편이에요."

"아, 그렇구나. 그럼 발끈 씨는 지금 어디 있어요?"

고개를 갸웃거리며 내가 물었다.

"걘 당신을 기다리다 못해 성질이 머리끝까지 올랐어요. 여기 있다간 당신과 한판 붙을 것 같다며 아까 어디론가 가버렸어요. 나 혼자 얘길 나눠보라면서."

그녀는 눈물을 닦으며 똑바로 앉았다.

"음, 나랑 무슨 얘기를 하고 싶은데요?" 나도 소녀 옆에 엉거주춤 앉으며 물었다. "먼저 차라도 한잔할래요?"

"고맙지만, 난 커피만 마셔요." 그녀는 손을 살랑살랑 내젓더니 말을 이었다. "어쨌거나 우리 둘은 요즘 완전 왕따예요. 꼭 고슴도치랑 폭죽 같다나. 조금만 건드려도 가시를 세우고, 불만 붙였다 하면

18

폭발하니 점점 귀염성이 없어진대요. 근데 전 굉장히 억울하거든요. 발끈이가 좀 거칠긴 하지만 우리 둘은 친구들을 진심으로 대해요. 그런데 그들은 왜 우리를 이해해주지 않을까요? 친구들은 나한테 발끈이 얘길 늘어놔요. '내가 걔더러 뭐라고 한 것도 아닌데 왜 그런데? 그게 그렇게까지 화낼 일이야?' 그럼 난 정말 뭐라 해야 할지 모르겠어요."

나약 씨는 억울하다는 표정을 지었다.

나는 잠시 말을 하지 않았다. 그녀의 말이 거슬렸기 때문이다. 먼저 마음을 좀 가라앉힐 필요가 있었다. 나는 거의 매일 나약 씨와 발끈 씨의 존재를 느끼고 있었고, 왜 그럴까 생각해보기도 했다. 실은 예전부터 그들과 이야기를 나누고 싶었지만 아직 때가 아니라고 생각했다. 하지만 이왕 이렇게 되었으니 본격적으로 이야기를 나눠볼까 싶었다.

나는 길게 한숨을 쉰 다음 물었다.

"고슴도치가 왜 고슴도치인지 생각해본 적 있어요? 선인장은 왜 선인장일까 생각해본 적은?"

"없는데요." 그녀는 잠깐 생각하더니 되물었다. "그런 건 왜 묻죠?"

"왜냐하면 이런 문제가 생길 때마다 나도 고슴도치나 선인장을 떠올리거든요. 당신들의 특성이 고슴도치나 선인장을 닮은 것 같아서요." 나는 그녀의 눈을 보면서 물었다. "그런데 남들이 고슴도치 같다고 하면 기분이 나빠요?"

"당연하죠!"

"왜요?"

"그거야 고슴도치가 사나운 짐승이니까 그렇죠. 온몸에 잔뜩 가시를 세우고는 사람을 찌르잖아요."

"고슴도치가 늘 사람을 찌르나요?"

내가 물었다.

"음, 항상 그러는 건 아니에요. 누가 건드렸을 때나 그렇지."

잠깐 생각하던 그녀가 그렇게 말했다.

"그러니까 고슴도치가 먼저 사람을 찌르는 건 아니네요. 그렇죠?"

"네, 맞아요."

그녀는 생각에 잠긴 얼굴로 고개를 끄덕였다. 나는 미소 지으며 말했다.

"아는 사람들은 알겠지만, 사실 고슴도치는 온순한 동물이라 먼저 공격하는 일은 드물어요. 가시 아래에 있는 피부가 굉장히 부드러워서 싸움을 잘 할 수 없거든요. 고슴도치는 자신이 다칠 거라는 느낌을 받을 때만, 순간적으로 온 힘을 그러모아 가시를 세우는 거예요. 스스로를 보호하기 위해서요. 그런데 그게 고슴도치가 신경질을 부리는 거라고 생각하나요? 고슴도치에게 가시가 어떤 의미인지 이해하기가 어려운가요?"

그러자 그녀는 강하게 도리질을 했다.

"아뇨."

"선인장도 마찬가지예요. 황량한 사막에서 살죠. 사막엔 물이 없잖아요. 생명체가 물 없이 살 수 있나요? 그나마 사막에는 가끔 비가 내리니까 그 부족한 물에 의존해서 살아갈 밖에요. 선인장은 어떻게 해야 할까요? 당연히 물을 아껴 쓸 방법을 찾고, 무슨 수를 써서라도 있는 물을 최대한 활용해야겠죠. 살아남기 위해 잎사귀를 줄이고 또 줄이다 보니 그게 딱딱한 가시처럼 된 거예요. 그 가시는 마치 이렇게 말하는 것처럼 보이죠. 내게서 멀찌감치 떨어지는 게 좋을 거야!"

"무슨 뜻인지 알겠어요. 그러니까 발끈이가 사람을 공격하는 건 우리가 외부로부터 위협을 받았다고 생각하기 때문이라는 거죠? 고슴도치처럼, 또 선인장처럼요. 그래서 친구들이 우리한테 그렇게 말하는 거고."

그녀가 말했다.

"굉장히 똑똑하군요." 내가 말했다. "그럼 선인장이 왜 지금의 모습이 되었는지도 알게 됐죠?"

"물이 없어서?"

그녀가 대답했다.

"그렇죠. 물이 없기 때문이에요." 나는 말을 이었다. "그럼 고슴도치에게는 뭐가 없을까요?"

그녀는 잠시 생각하다 입을 뗐다.

"그건 잘 모르겠어요."

내가 설명해주었다.

"오랜 세월에 걸쳐 진화하는 과정에서, 몸이 여린 고슴도치는 외부로부터 수없이 상처를 받으면서 서서히 가시를 만들어냈을 거예요. 스스로를 보호하기 위해서요. 선인장도 물이 부족하지 않았다면 원래의 멋진 잎사귀를 포기하지 않았겠죠. 여기서 외부의 공격과 물은 둘 다 삶의 어떤 결핍을 의미해요. 그게 뭘까요? 사람으로 치면 바로 애정이죠. 세상이 그들의 연약한 몸을 무시하고 혹독하게 굴면서 생존을 위협하니 어쩔 수 없이 가시가 돋게 된 거예요. 고슴도치라고 호랑이처럼 강해지고 싶지 않았겠어요? 선인장이라고 비옥한 땅에 사는 식물들처럼 멋진 잎사귀를 뽐내고 싶지 않았겠냐고요. 외부의 애정이 부족하니 별수 없이 자신을 더욱 아낄 수밖에 없었고, 가시를 만들어 보호하는 것이 최선이었던 거죠. 물이 풍족한 곳에서 자란 활엽수는 당연히 선인장을 이해할 수 없어요. 초원을 달리는 치타도 뛰어난 힘과 속도를 타고났으니 고슴도치의 선택을 이해하지 못하죠. 하지만 그렇다고 활엽수나 치타가 고슴도치와 선인장을 비웃는 건 말이 안 돼요."

그녀는 생각에 잠긴 듯 말이 없었다. 나는 말을 계속했다.

"사람도 마찬가지예요. 우리가 세상에 나오는 그 순간, 운명은 다양한 상황을 펼쳐놓죠. 운이 좋은 사람은 태어나자마자 따뜻한 사랑을 받으며 자랄 수 있어요. 하지만 그렇지 못한 이들은 어려서부터 냉대의 쓴맛을 느끼게 되죠. 이렇게 완전히 다른 출발점이 인생을 둘로 나누는 거예요.

사람에겐 사랑이 필요해요. 식물에게 물이 있어야 하는 것처럼. 물이 부족한 식물이 수분을 묶어둘 방법을 찾게 되듯, 애정이 부족한 사람은 애정을 붙잡아두거나 심지어 빼앗아 오려고까지 하죠. 사랑에도 여러 종류가 있어요. 존중, 인정, 이해, 숭배, 관심과 보호…. 이 중 뭐든 모자라면 마음에 구멍이 뚫리고, 당사자는 평생에 걸쳐 그 틈을 메우려고 하죠. 스스로 그런 사랑을 만들어낼 수 있을 때까지 말이에요. 많은 사람은 자신에게 무엇이 부족한지 인식하지 못하거나, 알고 있더라도 그것을 끊임없이 외부에서 찾으려 해요. 그게 가로막히는 순간 마음은 상처를 입고 말지요.

예를 들어, 어디에서도 충분히 인정받지 못하는 사람이 있다고 해봐요. 만약 당신이 그를 인정해준다면 그는 몹시 감격할 테고, 다른 사람들보다 당신을 더욱 존중하게 될 거예요. 또 스스로도 인정받을 가치가 있다는 것을 증명하려고 더욱 노력하겠죠. 하지만 그러다 당신이 어떤 이유에서든 그를 인정하지 않는다는 느낌을 준다면 그는 엄청난 실망과 분노를 느끼게 될 겁니다. 당신은 별로 대수롭지 않은 농담을 던졌다고 생각할 수도 있지만, 그 사람 입장에서는 당신과의 관계를 지탱하던 주춧돌이 빠져버린 셈이니까요. 두 사람 사이의 관계가 좋을수록 더욱 큰 상처를 받게 될 거예요. 굳게 믿던 사람이 갑자기 등에 칼을 꽂은 것이나 마찬가지니까요."

"이해했어요." 그녀가 말했다. "그러니까 우리 둘에겐 애정이 필요했던 거네요. 하나는 나약이가 되고 다른 하나는 발끈이가 된 이유도 그거고요. 그래서 우리가 한 몸 같은 쌍둥이가 되었던 거군요."

나는 고개를 끄덕여주며 말했다.

"그렇죠. 애정이 부족한 사람은 아주 사소한 불친절에도 쉽게 상처를 입어요. 나약 씨 당신이 그렇잖아요. 순식간에 위축되어 마음의 문을 닫아버리죠. 그걸 보고 발끈 씨의 실망과 분노가 고슴도치의 가시처럼 바짝 세워지는 거예요. 그러고는 외부에 외치죠. '우리한테서 떨어져 줘. 두 번 다시 상처 주지 말라고!' 사실 애정이 결핍되면 마음은 약해질 수밖에 없고 자신감도 부족해지기 마련이지요."

"맞아요. 바로 그런 기분이에요!" 나약 씨는 다시 눈물을 쏟더니 잠시 후 내게 물었다. "그럼 우린 어떡하죠?"

나는 잠시 생각하다 입을 열었다.

"먼저, 있는 그대로의 자신을 받아들여요. 다른 사람들이 당신들을 이해할 수 없다고 하더라도 말이에요. 때로는 '왜 그래, 미쳤니?' 같은 말을 들어서 원망과 증오를 주체할 수 없다 해도 너무 자책하거나 괴로워할 필요는 없어요. 같은 경험을 했다면 그들에게도 똑같은 방어기제가 생겼을 테니까. 애정이 결핍된 사람들에게 이런 식의 '고슴도치 방어기제'는 어쩌면 최선의 선택일 수도 있어요. 아무런 까닭도 없이 관계를 망치고 싶어 하는 사람은 없잖아요. 발끈 씨가 가시를 세우는 행동이 무의식중에 나오는 자기방어 방식이라는 점을 알아야 해요.

두 번째는, 누가 당신들에게 애정이 결핍돼 있다고 말하더라도 두려워하지 말라는 거예요. 사실은 사실이잖아요. 그건 창피한 게 아니에요. 당신들은 진실을 받아들일 줄 알아야 해요. 이미 감정이 일어나기 시작했다면 속으로 숫자를 세거나, 그 비슷한 방법을 이용해서 자신을 진정시키는 것이 좋아요. 일단 한숨 돌린 다음에 담담한 말투로 느낌이나 생각을 표현하는 거죠. 그렇게 하면 상대방도 이해시키면서 자기 스스로도 문제를 더욱 확실히 볼 수 있어요. 순간적으로 발끈했다 하더라도 나중에 다시 솔직한 이야기를 나누면서 그들을 이해시키도록 해요. 그들도 당신들의 감정을 제대로 알지 못했을 뿐 나쁜 마음으로 그런 것은 아닐 테니까. 도저히 돌이킬 수 없을 정도로 악화된 사이가 아니라면 말이죠. 그들을 이해시키도록 최선을 다하세요. 사람과 사람 사이에 좋은 관계를 맺고 유지하려면 입장을 바꿔서 생각하는 자세가 반드시 필요해요. 뭐, 좀 식상하게 들릴 수도 있겠지만."

거기까지 들은 나약 씨가 얼른 끼어들었다.

"좀 이해할 것도 같아요. 우리가 너무 이기적이고 제멋대로 군 것은 아닐까 싶네요. 우리가 남들에게 무시당했다고 생각했을 때, 실은 우리도 그들과 그들이 느끼는 감정을 무시했으니까요. 어쩌면 자신감이 부족하기 때문인지도 모르죠. 그래서 갈수록 온갖 방법으로 스스로를 보호하려 했던 거예요. 하지만 그렇게 자기 보호를 하느라 지나치게 예민해져서 스스로에게 상처를 주기도 하고, 또 다른 사람이 내게 상처를 준다고 부풀려 생각하기도 하고요."

"맞아요. 그래서 자신감을 북돋울 수 있는 일을 많이 해야 해요. 오만하게 굴라는 말이 아니라 담담한 모습을 보이라는 뜻이에요. 담담함은 스스로 완벽하지 않다는 사실을 진정으로 받아들인 사람만이 보일 수 있는 자세죠. 서서히 알게 되겠죠. 당신들에게 가장 부족했던 것이 사실은 늘 마음속에 있었고, 처음부터 외부에서만 안정감을 찾을 필요가 없었다는 사실을 말이에요. 그렇게 하다 보면 조금씩 외부의 자극에 휘둘리지 않게 되고 천천히 독립적인 인격을 갖추게 될 겁니다."

나약 씨는 고개를 끄덕였다.

"네, 이젠 마음이 많이 편해졌어요. 발끈이에게도 알려서 당신이 일러준 대로 해보도록 할게요. 그런데… 얼마나 지나야 효과가 나타날까요?"

그 말에 나는 웃었다.

"친애하는 나약 씨, 애정결핍은 절대 쉬운 문제가 아니에요. 한 사람의 내면에 아주 오랫동안 그늘을 드리울 수도 있어요. 그러니 스스로 결핍을 이겨내려면 오랫동안 참을성을 갖고 노력하며 반성해야 해요. 평생에 걸쳐 끊임없이 스스로를 갈고닦을 준비를 해야 하죠. 그렇다고 포기해선 안 돼요. 쉽지 않은 인생, 힘 닿는 데까지 자기 자신을 사랑할 수 있다면 그것 또한 멋진 일이 아닐까요?"

내 말을 들은 나약 씨는 방긋 웃었다. 그 미소가 어찌나 달콤한지 마치 상상 속의 천사를 보는 것 같았다.

"당신과 대화하니까 기분이 정말 좋아요. 다음에는 발끈이를 설득해서 함께 올게요. 맨날 싸우려고만 드는 그 계집애도 이렇게 대화하는 기분을 느껴봐야 할 텐데."

"별말씀을. 다음에 또 만나게 되길 기대할게요. 물론 두 번 다시 보지 않는다면 훨씬 좋겠지만."

나는 웃으며 대꾸했다.

"그럴지도 모르죠. 우리가 정말로 더 나은 사람이 된다면요. 그럼 계속 차 들어요, 솔직 씨. 난 이만 가볼 테니."

　말을 마친 그녀는 눈앞에서 빠르게 사라졌다. 표정이 차분하고 세련된 것이, 훌쩍훌쩍 울던 방금 전의 모습과는 완전히 다른 사람이 된 같았다. 나는 잔잔한 성취감을 느끼며 차를 한 잔 더 마셨다. 가슴속의 지친 마음이 조금씩 사라졌다.

냉담 씨

세상에 대한 나의 열정은 대체 어디로

그저 고요해지자.
나의 세상을 적막하게 하자.
그 무엇도 돌아볼 가치가 없다고 여기자.

나약 씨가 떠난 다음 날 저녁, 냉담 씨가 찾아왔다.

나는 뜨거운 물에 발을 담그고 족욕을 하던 참이었다. 따뜻하고 촉촉한 기운이 발을 타고 전신으로 퍼져 나른하고 기분이 좋았다. 나는 나직하게 노래를 흥얼거렸다.

"흥, 팔자가 늘어졌군. 뭐가 그렇게 좋을까?"

그때 돌연 뒤쪽에서 냉랭한 목소리가 들려왔다. 깜짝 놀라 황급히 고개를 돌려보니 긴 머리를 어깨까지 늘어뜨린 청년이 내 등 뒤에서 조금 떨어진 곳에 가부좌를 틀고 앉아 있었다. 청바지에 청재킷을 입은 그는 호리호리한 체격에 눈빛이 차가웠다.

나는 놀란 가슴을 가라앉히려 애를 썼다. 급히 발을 빼내려다 하마터면 물통을 엎을 뻔했다.

"누구시죠? 누군데 갑자기 나타나서 그런 말을 하죠?"

그는 차갑게 웃을 뿐 아무 말도 하지 않았다. 황당한 얼굴로 한참을 바라보던 나는, 문득 그가 누구인지 알 것 같았다.

"엄청 냉랭한 걸 보니, 혹시 당신이 그 말로만 듣던 냉담 씨?"

그는 고개를 끄덕였지만 여전히 대꾸는 하지 않았고 나도 더는 빙빙 돌려 말하지 않기로 했다. 물통을 옮겨 그를 마주 보고 앉아 다시 발을 담그면서 나는 말했다.

"말해봐요. 무슨 일로 날 찾아왔는지."

"내가 그쪽을 찾아온 게 아니라 그쪽이 날 만나고 싶어 하기에 나타난 겁니다."

그는 내 말을 바로잡으면서도 비웃는 수고조차 하려 들지 않았다. 나는 아연해진 채 그의 말을 곰곰이 생각해보았다. 나약 씨와 이야기를 나눈 후 어떤 생각들을 했는지 되짚어보니, 과연 그의 말이 옳았다. 나는 실제로 그를 떠올렸던 것이다. 그리고 어느 순간부터는 그를 느끼고 있었다.

냉담 씨는 눈꺼풀을 들어 올리고 조용히 나를 바라보았다. 그 눈빛이 어찌나 차가운지 내 몸이 금방이라도 얼어붙을 것 같았다. 결국 나는 내 감정을 인정하는 수밖에 없었다.

"궁금했어요. 당신은 어째서, 세상을 더는 열정적으로 대하지 않는지."

"이미 내 마음을 느끼고 있으면서 뭘 또 묻는 겁니까?"

그렇게 묻는 얼굴에는 표정이 없었다.

"너무 막연해서 잘 모르겠어요."

"뭐, 좋습니다." 그는 품에서 담뱃갑을 꺼내더니 한 개비를 뽑아 불을 붙이며 담담하게 말했다. "냉담한 사람들은 한때 예민하고 여린 마음을 가졌던 사람들이죠. 그런 마음으로는 어려운 일들을 감당하지 못하기 때문에 예민하고 여린 가슴은 점점 더 나약해집니다. 너무 지쳐서 냉담해지는 사람들도 있어요. 이 세상에서 원하는 것들을 실현하지 못하기 때문이죠. 또 어떤 사람들은 세상으로부터 너무 큰 상처를 받아 냉담해집니다. 충격을 더는 받아들일 수 없는 지경이 되면 무너져버리거나 회피하거나, 둘 중 하나를 택해야 하니까요. 지쳐서든 두려워서든, 본질적으로는 무거운 현실을 마주하고 싶지 않은 거죠."

"그러니까, 내가 당신을 느끼는 건 나약 씨와 이야기를 하면서 상처받았다는 감정이 들었기 때문이라는 건가요?"

나는 탐색하듯 물었다.

"정확히 말하면 상처받았던 기억을 그녀가 되살린 거겠죠. 어떤 일이 당신을 아프게 했는지 기억하지 못하더라도, 그게 어떤 느낌이었는지는 당신도 기억하고 있어요. 달면 삼키고 쓰면 뱉는 게 인간의 본성인지라, 사람들은 자신이 좋아하는 일이나 생각만 받아들이고 싶어 하죠. 도저히 마주하고 싶지 않을 때는 현실을 무시해버려요. 모든 것이 더는 중요하지 않은 것처럼 여기는 거죠. 매사에 관심이 없고 흥미도 없는 것, 심지어 눈앞에서 사람이 죽어가도 모른 체할 만큼 무정해지는 것은 그 때문이에요. 중요한 것을 별것 아닌 것으로 여기고는 나는 그것을 위해 어떤 열정도 품을 필요가 없는 척하죠. 그렇게 회피할 핑계와 명분을 만들어두면 두 번 다시 그 일 때문에 신경 쓰지 않아도 되니까."

나는 그의 담뱃갑에서 한 개비를 뽑아 입에 물며 속으로 투덜댔다.

'권할 줄도 모르는 무례한 녀석 같으니.'

생뚱맞게도 이걸 가지고 고깝다고 느낀 것은 아마도 그가 지나치게 냉소적이기 때문일 것이다. 원래 난 그런 사람을 곱게 보아 넘기지 못하니까. 나는 담배를 빨아들이며 고개를 비스듬히 한 채 그를 바라보았다.

"음, 말을 참 잘하네요. 하지만 난 강하고, 내가 강한 사람이라는 걸 알기 때문에 나약한 감정이 불편했던 거예요. 그래서 그걸 회피하려 하고 중요하지 않은 것처럼 생각하려 하는 거죠."

"정말 냉소적이군. 뭐, 그런 눈으로 볼 것까진 없어요." 무슨 소리냐고 반박하려 하는 나를 향해 그는 연기를 동그랗게 뿜어냈다. "그게 우리 같은 사람들의 특징이니까."

빤한 의도가 손쉽게 읽혀버리자 나는 그만 무안해져 입을 다물어버렸다. 오늘의 손님은 그동안 나를 찾은 다른 사람들과는 정반대였다. 대부분은 손님이 상담을 청하고 내가 이야기를 들어주곤 했지만 오늘은 어째 역할이 뒤바뀐 것 같은 기분이 들었다. 하지만 이런 상황도 꽤 흥미롭지 않은가! 나는 그가 어떤 말들을 할지 궁금해져 그의 입을 바라보았다.

"사실 당신의 냉담함은 그렇게 간단한 문제가 아닙니다. 자세한 것은 스스로 깨닫도록 해요. 오늘은 이론만 가르쳐줄 테니까." 그는 나를 힐끗 쏘아보더니 예의 그 냉소적인 얼굴로 말을 이었다. "어떤 사람들은 활기차게 지내기를 포기해버려요. 활기가 없으니 내면세계는 적막해지고, 살아가면서 크게 동요하는 일도 없어집니다. 고요해지는 거죠. 더는 상처를 받지 않으려는 거예요. 그래야 오래된 상처를 치유할 여력이 생길 것 같으니까. 하지만 실제로는 대부분, 그런 식으로 냉랭한 태도를 보이기 시작하면 옛 상처를 치유하기는커녕 그 감정에 오히려 더 깊이 빠져버려요. 아무리 생각해도 해답은 없고, 어찌할 바를 모르다가 점점 더 비관적으로 되어버리죠."

그 말을 듣자 나는 돌연 마음이 무거워지는 것 같았다. 가슴속의 어느 연약한 부위를 정확히 얻어맞은 기분이랄까.

"비관적인 생각에 빠져드는 것은 스스로 헤어날 수 없기 때문이기도 하고, 또 그럴 생각이 없기 때문이기도 해요. 비관적으로 세상을 보지 않으면 달리 어떻게 해야 할지도 모르겠고, 삶의 가치도 찾을 수가 없으니까요. 비관적이라는 게 때로는 굉장히 편하거든요. 세상을 보는 올바른 방식을 찾은 것 같고, 삶의 진실을 알게 된 것 같은 기분도 드니까. 이를테면 이런 식이죠. '세상사 다 그런 거지 뭐. 굳이 발악하면서 바꿀 필요가 있겠어? 그러니까 흥분하지 말고 격한 감정 때문에 상처받지도 말자. 그냥 차분해지는 거야. 관심 *끄고* 조용히 살자. 그럴 가치가 없다고 생각해버리면 되지.' 어때요? 평소 이러지 않았나요?" 그는 담담한 얼굴로 담배를 한 모금 빨아들이곤 마저 말했다. "하지만 그렇게 해도 내면의 상처는 사라지지 않죠. 상처는 여전히 아프고, 자신이 진실을 받아들일 수 없게 되잖아요."

그쯤 되자 나는 그가 계속 조잘거리게 놔두고 싶지 않아 끼어들었다.

"그런 종류의 무기력함이나 거기서 비롯된 분노는 모두의 마음 깊은 곳에 갇혀 있기 마련이에요. 스스로를 찌르는 이런 분노는 굉장히 나쁜 거죠. 말하자면 이런 거예요. '내 힘으론 현실을 바꿀 수 없잖아. 이 세상은 무정하고 참담하고 냉혹해. 내게 너무 불공평하게 굴지만 난 상대도 안 되지. 그렇다면 그냥 그렇게 굴라고 하지 뭐. 어차피 나도 반응하지 않을 테니까. 난 널 물리칠 수는 없지만, 완전히 무시할 수는 있거든!' 어때요?"

말하고 나니 제법 만족스러웠다. 내가 생각해도 적절한 결론이었다. 흥, 네가 아무리 그래 봤자 주인공은 나라고!

"맞아요." 그는 나를 바라보며 웃었다. "이 세상은 정말로 재미가 없죠. 어떤 열정도 품을 가치가 없는 곳이에요. 그러니 냉담함이야말로 가장 올바른 삶의 방식일 수밖에. 나는 속으로 이렇게 말해요. '난 내가 아직 살아 있다는 것을 확인하기 위해서 냉담하고 비관적인 태도를 지니는 거야. 어느 날 그마저도 완전히 재미없어지면, 그땐 그만 살아버리지 뭐.' 이제 알겠어요? 내가 어째서 이 세상에 아무런 열정이 없는지? 이 세상이 과연 그럴 가치가 있는 곳일까요?"

"어떤 의미에서는…, 그렇죠."

나는 그의 말을 곰곰이 곱씹으며 마음을 가라앉혔다. 그는 마치 거대한 먹구름 같았다. 차갑고 절망적인, 무기력하고 비참한 공기가 나를 뒤덮어 금방이라도 질식할 것 같았다. 갑자기 나의 세계가 순식간에 얼음으로 뒤덮이고, 몸에는 새하얀 털이 돋아나는 듯한 기분에 휩싸였다. 외롭고 슬픈 설원의 늑대처럼 살을 에는 눈밭을 맨발로 디디며 단단해진 영혼으로 차디찬 세상과 부딪히는. 그 세상에는 아무것도 없이 어두컴컴한 설원만 끝없이 펼쳐져 있고 나는 그저 저 먼 곳을 응시하고 있다. 상상이 거기까지 이르자 갑자기 눈물이 났다.

"뭐가 그렇게 슬픕니까?" 그의 차가운 눈에는 비웃음만 가득했다. "설원의 늑대는 울지 않는데."

"하지만 난 늑대가 아니에요. 사람이지." 나는 눈을 뜨고 눈물을 닦으며 그를 똑바로 바라보았다. "사람에게는 사람의 세상이 있어요. 사람으로 태어났으면 사람처럼 살아야지, 안 그래요?"

그는 입을 다문 채 내 시선을 피해 바닥을 내려다봤고, 우리는 그렇게 십여 분간 침묵했다. 발을 담그고 있던 물은 이미 차갑게 식어버렸다. 나는 물통 가장자리에 발을 올린 채 서서히 물기가 마르는 것을 지켜보았다.

한참 후에야 나는 입을 열었다.

"알고 있을지 모르겠지만, 당신은 도피 씨라고 불려야 할지도 몰라요. 세상이 주는 상처에서 도피하여 자기만의 세계를 만들죠. 당신 자신과 냉담함을 제외하면 아무것도 없는 세계. 그 세계에 들어앉아 있으면 또 다른 상처는 받지 않겠죠. 뼈가 시릴 정도로 춥기는 하겠지만 안전하고 조용하고 편안할 거예요. 새로운 고민들 때문에 신경 쓸 일은 없을 테니까."

바닥만 내려다보고 있던 그가 고개를 깊이 숙이더니 손바닥으로 머리를 감싸 안았다. 한참 전에 다 타버린 담배꽁초가 손끝에서 바닥으로 떨어졌다. 나동그라진 모양새가 흉했다. 나는 말을 이었다.

"그러나 다 헛수고예요. 당신이 원하든 원하지 않든 외부의 문제는 계속해서 생겨날 테고, 거기에서 도피하려 할수록 당신은 사물의 부정적인 면만 보게 되겠죠. 실망감은 갈수록 쌓여가고 상처도 점점 커질 테죠. 당신이 만들어낸 세계에는 점점 더 사나운 눈보라가 휘몰아치게 될 겁니다. 왜냐하면 문제나 사건은 어떻게든 발생하기 마련이고, 그것을 우리가 어떻게 해볼 수는 없기 때문이에요. 그것을 바꾸는 방법은 사물을 바라보는 각도를 달리하거나 문제를 해결할, 혹은 바로잡을 방도를 찾는 것뿐이죠.

그런데 말이에요. 모든 문제가 상처만을 가져오는 걸까요? 불교에선 번뇌즉보리(煩惱卽菩提)라고 하죠. '번뇌가 곧 깨달음'이라는 뜻입니다. 우리의 영혼이 상처받는 그 순간이, 자신과 세상을 더욱 깊이 이해할 수 있는 순간이기도 하잖아요? 우리가 왜 도망쳐야 하나요? 물론 완벽한 대응책은 없어요. 그러나 크고 작은 문제들을 안고 있다 하더라도 어쨌든 차선책은 늘 있잖아요. 좀 부족하더라도 적용할 만한 방법이 있기 마련이에요. 백 퍼센트 완벽할 수는 없겠지만 팔구십 퍼센트만 돼도 괜찮은 거잖아요. 마음먹기에 따라서는 육십 퍼센트만 되어도 상관없고."

그는 얼굴에서 손을 떼고 담배를 한 개비 더 뽑아 들더니 복잡한 얼굴로 깊이 빨아들였다. 담배가 순식간에 절반 가까이 타들어갔다. 길게 한숨을 내쉰 그가 입을 열었다.

"무슨 뜻인지 알아요. 당신 말을 듣다 보니 냉담과 우울이 밀접하게 얽혀 있고 그 둘이 서로의 몸집을 키운다는 걸 알겠네요. 냉담은 내면의 활기를 조금씩 밀어내다 우울로 변하고, 우울은 계속해서 활기를 잠식하죠. 암흑 속으로 점점 깊이 빠져드는 악순환이랄까. 거기서 벗어날 유일한 방법은 스스로 마음속에 빛을 밝히는 것뿐이겠죠. 빛은 생각의 변화에서 오는 거고요."

나는 고개를 끄덕였다.

"맞아요. 누군가 그러더군요. 태도가 모든 것을 결정한다고. 태도란 생각과 마음가짐인데, 생각을 바꾸는 건 결코 쉽지 않아요. 암흑과 빛은 반대되는 개념이잖아요. 빛을 밝힌다는 것은 기존의 생각을 부정해야 한다는 뜻이고 어렵사리 세워둔 '보호벽'을 무너뜨려야 한다는 뜻이에요. 얼마 남지 않은 활기를 다시 일깨워 새로이 문제와 싸우고, 그러느라 또 시달려야 한다는 의미이기도 하고요."

"그럼 난 어떻게 해야 하죠?"

그가 흐릿한 눈으로 나를 바라보았다. 반신반의하는 얼굴이었다. 이제야 나의 원래 역할이 돌아온 모양이다.

"활기를 되찾는 건 쉬운 일도 아니고 하루아침에 되는 것도 아니에요. 상담 두어 번이나 책 한두 권으로 할 수 있는 것도 아니죠. 필요한 것은 용기, 내면의 변화를 수시로 느끼는 힘, 그리고 결심이에요. 파트너가 필요할 수도 있겠죠. 사람이나 책 또는 다시 따뜻함을 느낄 수 있는 사물 같은 것들요." 나는 그를 향해 미소 지으며 말을 이었다. "물론 내 생각을 완전히 받아들일 필요는 없어요. 사람은 자신이 진정으로 바뀌고 싶을 때 비로소 바뀌는 거니까요. 그럴 마음이 없으면 아무리 엄청난 이론도 무용지물이죠. 어느 날 당신의 세상이 너무 춥고, 고독한 늑대로 사는 것이 너무 힘들다고 생각되면 그때 내 말을 다시 생각해봐도 괜찮아요."

그는 나를 바라보며 남은 담배를 마저 피운 다음 고개를 끄덕였다.

"당신 말이 맞을지도 모르겠군요. 조언을 좀더 구체적으로 해주시면 도움이 되겠는데…."

"난 냉담을 치유하는 약은 열정이라고 생각해요. 냉담한 태도를 고치고 싶다면 열정적인 분위기 속으로 들어가면 돼요. 물론 당신은 이렇게 말할지도 몰라요. 열정적인 분위기라는 말만 들어도 쭈뼛거려진다고, 그러니 어떻게 그 속으로 들어가느냐고. 물론 좀 어렵죠. 그래서 내 조언은, 무턱대고 열정을 꾸며내면서까지 남들에게 다가갈 필요는 없다는 거예요. 우선은 격렬한 운동을 하면서 스스로의 열정을 끌어내 보세요. 운동은 당신 내면에서 잠자는 열정을 깨우고, 얼어붙었던 마음을 점차 녹여줄 거예요. 예컨대 농구를 자주하다 보면 팀원들과 특별히 교류하지 않아도 평소와 다른 열정을 느끼게 될 거예요."

거기까지 이야기한 나는 잠시 멈췄다가 다시 말을 이었다.

"냉정하게 생각해보라는 말은 하지 않겠어요. 당신은 이미 매우 '냉정'하니까. 냉담이든 냉정이든 당신은 원래부터 '냉'하니까, 거기서 빠져나오는 가장 좋은 방법은 반대로 가는 거죠. 외부의 열로 내면을 덥혀서 얼음을 녹여야 해요. 이렇게 말하면 이해하겠어요?"

그는 잠깐 생각에 잠겨 있는 듯하더니, 대뜸 고개를 들며 웃어 보였다.

"이해한 것 같네요."

웃음이 번지자 그렇게 차가워 보이는 얼굴은 아니었다. 웃는 얼굴을 보자 나도 한결 마음이 놓였다. 몸을 일으켜 세운 그는 내게 작별

인사를 한 다음 돌아서며 이렇게 말했다.

"나는, 당신이 더는 설원의 늑대처럼 살지 않았으면 좋겠어요."

그 말에 나는 잠깐 멍해졌지만, 이내 웃으며 대답했다.

"다음에 만날 때는 냉담 씨가 아니라 열정 씨가 되어 있길 빌어요."

열등 씨

남들이 너무 완벽한 걸까, 아니면 내가 너무 못난 걸까

다들 나보다 뛰어난 것 같다. 하지만 난 언제나 모든 이들을 만족시키고 싶다.
나는 남들의 말을 거절하지 못한다. 설령 내가 피해를 본다 해도.
나는 늘 부족한 것만 같고, 이 세상의 좋은 것들을 누릴 자격이 없는 것 같다.

날씨가 말도 안 되게 좋은 주말이었다. 창밖의 세상이 너무도 따뜻하고 아름다워 보였다. 문득 내가 이걸 누려도 괜찮을까 하는 생각이 들었다. 그래서 문을 닫고 커튼을 쳤다. 어두운 방에 혼자 있으니 마음이 좀 편안해지는 것 같았다. 그렇게 몇 분이 지나고 나서 뭔가 이상하다는 것을 깨달았다. 이런 느낌과 행동은 평소의 나답지 않다.

방금 전에 느낀 감정을 곰곰이 곱씹어보았다. 억울하고 화나고 당황스럽고 두렵고, 굴욕적이었다. 그 감정들 하나하나는 제각각 다른데 어째서 그것들을 한꺼번에 느낀 건지, 정말 알다가도 모를 일이었다. 그걸 모두 합치면 어떤 의미가 되기에? 그 느낌이 너무도 강렬해서, 혹 내가 오랫동안 억눌러놓은 어떤 인격이 나를 만나려고 하는 것은 아닐까 하는 생각이 들었다. 그렇다면 누르려고만 할 게 아니라 천천히 이야기를 나눠봐야 했다. 지금까지는 늘 '그들'이 나를 찾아왔지만, 이번에는 내가 먼저 '그'를 초대해야 할 것 같았다.

"우리 좀 만날 수 있을까요?" 나는 눈을 감고 긴장을 풀었다. 방금 전의 감정을 천천히 떠올리면서 내면에 물었다. 한참 후, 반백의 걸인이 내 머릿속에 나타났다. 지저분한 행색의 그는 양손을 늘어뜨린 채 구석에 서서 안절부절못하는 것 같았다. 그는 지쳐 보이는 탁한 눈을 들어 나를 보더니 이내 비굴한 미소를 지었다. 무척 조심스러운, 내 환심을 사려는 게 분명한 미소였다.

"안녕하세요." 나는 그에게 인사를 했다. "선생님은 성함이 어떻게 되시나요? 왜 제 머릿속에 계셨죠?"

"안녕하세요. 전 열등이라고 합니다. 당신이 처음으로 열등감을 느꼈을 때부터 계산하면, 우리가 함께한 지도 곧 삼십 년이 되어가는군요."

그는 여전히 무척 조심스럽게 웃고 있었다. 나는 의자 하나를 옮겨 그에게 권했다. 그가 조금은 편안해하는 것 같았다.

"그렇다면 오랜 친구인 셈이니 너무 예의 차리지 않아도 되겠네요. 그냥 '당신'이라고 부를게요." 나는 웃으며 말했다. "그럼 단도직입적으로 물어볼게요. 방금 바깥의 날씨를 즐길 수 없다고 생각한 이유가 뭐였죠?"

그는 나를 흘깃 보고는 시선을 옮겼다. 표정이 다시 무거워지더니 거친 손끝으로 낡은 옷자락을 만지작대며 기어들어가는 목소리로 말했다.

"바깥 풍경은 너무 멋지고 깨끗한데 난 이렇게 지저분하고 볼품없으니까요."

노인은 내 눈치를 보는 듯 중간에 말을 끊고 나를 또 힐끔 바라봤다.

"그런데요?"

"가까이 갔다가 더럽히기라도 하면 어떡해요. 하늘은 파랗고 햇

볕은 따뜻하고. 그런 날씨는 행복한 사람에게만 어울리잖아요."

노인의 얼굴에 부러워하는 기색이 역력했다.

"어떤 사람이 행복한 사람인데요? 다시 말하면, 행복한 사람은 어떤 특징을 갖고 있죠?"

"음, 행복한 사람은 말이죠." 그는 무겁게 탄식하며 말을 이었다. "행복한 사람은 좋은 옷을 입고 좋은 음식을 먹고 좋은 곳에 살고, 심지어 외모도 잘생겼어요. 친구도 많고 관심을 가져주는 사람이 있는 데다 대부분의 시간이 즐거운 편이죠. 하고 싶은 것은 대체로 할 수 있고, 갖고 싶은 것도 대부분 가질 수 있고요. 기본적으로 자기 주관이 뚜렷한 편이라, 그들이야말로 이 세상의 주인이라고 생각돼요."

"하지만 물질적으로 풍족하지 않고 외모도 뛰어나지 않은 데다 좋은 친구가 없는 사람들도 있어요. 하는 일마다 좌절을 겪고 행복하지 않은 사람도 많고요. 그런데도 그 사람들 역시 이런 날씨를 굉장히 좋아하죠. 멋진 날씨가 기분을 좋게 해주니까요."

나는 이해할 수 없었다.

"아니, 그건 달라요. 그런 사람들은 잠시 어려운 것뿐이잖아요. 그들은 적어도 자신의 상황을 바꿀 가능성이 있어요. 능력도 있고 운도 좋으니까."

그는 마치 정해진 운명이라 어쩔 수 없다는 듯 절망적인 상태에 빠져 있었다.

"자신이 능력도 운도 없다고 생각하는 건가요? 정말로요?"

나는 지나치게 운을 강조하는 사람들을 좋아하지 않는다. 안타까움에 나도 모르게 따지듯 물었다.

"네. 난 언제나 실패자였거든요. 그럴듯한 일을 단 한 번도 해본 적이 없죠. 운이라면 더더욱 없고요. 내가 유일하게 할 줄 아는 거라 곤 구걸해서 배를 채우는 것뿐이에요. 그렇게 계속 연명하는 거죠."

말을 마친 그가 고개를 푹 숙였다. 볼수록 더 비굴하고 작아 보였다. 나는 가슴속 저 밑바닥에서 비통함이 꿈틀대는 것을 느꼈다. 그에게 상처를 준 동시에 나 자신도 상처를 입었기 때문이리라. 그의 저런 태도가 나를 힘들게 하는 것인지도 모르고. 나는 감정을 억누르려 애쓰며 다시 입을 뗐다.

"좋아요. 당신이 자신을 어떻게 생각하는지 한번 볼까요? 당신은 스스로를 좋은 음식이나 옷도 없고, 초라한 곳에 사는 데다 못생겼다고 생각하죠. 또 친구도 없고 아무도 당신에게 관심을 주지 않는다고 생각해요. 능력도 없고 주관도 없고 이룬 것도 없으니 늘 불행하고요. 구걸하며 하루하루를 보낼 뿐이고, 행색이 지저분해서 당신이 생각하는 멋진 것들을 더럽힐까 걱정하죠. 당신은 이 세상의 주인이 아니고 다른 사람의 세계에 빌붙어 그럭저럭 살아갈 뿐이라 생각하죠. 맞나요?"

"맞아요."

속사포 같은 내 질문을 받고 그는 무겁게 고개를 끄덕였다.

짓누르듯 무거운 공기 속에서 잠시 대화가 끊어졌다. 나는 어떻게 해야 할지 알고 있었지만 감정은 어쩔 수 없이 요동치고 있었다. 누구나 마주하고 싶지 않은 자신과 대면할 때면 억누르기 힘든 감정이 생겨날 것이다. 그러니 잠시만 조용히 있어 볼까.

잠깐의 침묵 이후 마음을 정리한 나는 질문을 계속했다.

"얘기 좀 해줄래요? 어째서 그런 생각을 하게 되었는지. 그런 생각이 어떻게 생겨났죠? 설마 태어날 때부터 그랬던 건 아닐 테고요."

그는 곧장 대답하지 않고 한참 후에야 천천히 입을 벌렸다.

"아니요…. 전 날 때부터 그렇게 생각했어요." 내가 놀란 얼굴을 하자 그가 덧붙였다. "아까 내가 했던 말 기억나요? 난 당신이 처음으로 열등감을 느꼈을 때 생겨났다고 했잖아요."

"그러니까 당신은 그때 태어났다는?"

나는 멍한 표정을 지었다. 정말이지 뭐라고 할 말이 없었다.

"그래요. 당신이 열등감을 느끼기 전까진 우리가 한 몸이었죠. 그런데 당신의 마음속에 열등감이 생겨났고, 당신이 그걸 부인하고 억누르면서 내가 떨어져 나와 이렇게 별개의 인격이 된 거예요."

그가 고개를 들어 나를 바라보았지만 나는 그를 똑바로 볼 엄

47

두가 나지 않았다.

우리는 입을 다물었다. 서로의 심장박동 소리가 들릴 정도로 주변이 조용했다. 나는 처음으로 열등감을 느꼈을 때를 생각해보려 했지만 전혀 기억이 나지 않았다.

"내가 최초로 열등감을 느꼈을 때 어땠는지 얘기해줄래요?"

내가 물었다. 그는 고개를 끄덕이더니 천천히 기억을 더듬었다.

"그때 당신은 막 학교에 다니기 시작했어요. 아마 수학 쪽엔 영머리가 없었던 모양인지 성적이 형편없었죠. 선생님과 부모님은 수학을 잘하는 아이와 당신을 비교했어요. 좀더 열심히 하라는 뜻이었지만 당신은 자신이 못났다고 생각했죠. 화가 났고 공부도 열심히 해봤지만 안 되는 건 어쩔 수 없었어요. 이런 열등감이 당신의 마음 깊숙이 파고들었고 아주 오랫동안 영향을 끼쳤죠."

"잠깐! 그건 좀 비약 같은데요." 그때의 일은 나도 기억하고 있었다. "그때 열등감을 느꼈던 건 사실이지만 그 일이 내게 그렇게 큰 영향을 준 것 같진 않아요. 세상에 완벽한 사람은 없다는 걸 곧 알게 되었고, 난 수학을 못한다는 사실도 받아들였으니까. 어째서 그 일이 아주 오랫동안 영향을 끼쳤다는 건가요?"

그는 내 반응에 조금 놀란 것 같았다.

"화났어요?"

"아뇨." 나는 반사적으로 부정했지만 곧 그가 옳다는 걸 깨달왔다. "그래요. 방금 좀 화가 났어요. 당신이 하는 말이 좀 황당해서 억울한 기분이 들었거든요. 내가 수능 때 수리영역을 망치긴 했지만 초등학교 때는 수학 성적이 나쁘지 않았거든요. 당신이 말한 것처럼 수학을 그렇게 못했다면 초등학교도 졸업 못 했을걸요."

그는 웃으며 말했다.

"맞아요. 초등학교 때는 괜찮았죠. 초등 수학이야 사칙연산 정도니 조금만 노력하면 따라갈 수 있었으니까요. 하지만 나중에 수학 때문에 애를 먹었죠. 어렸을 때부터 수학을 싫어하는 바람에 과목별 편차가 커져서 평균 점수가 좀체 오르지 않았어요. 그래도 지금, 자기감정을 빨리 알아차리고 내면의 상태를 받아들이려 하는 것을 보니 당신은 확실히 나아졌네요. 하지만 강력한 자기방어는 여전해요. 방금 나더러 비약하지 말라며 화를 낸 것도 내가 당신의 아픈 곳을 찔렀기 때문이에요. 어쩌면 당신은 의식조차 하지 못했을 수도 있지만."

"그러니까 그 열등감이 잠재의식 속에 숨어 오랫동안 영향을 주었다는 건가요?"

나는 의아했다.

"그래요. 당신은 스스로 지나치게 강해지려 하는 사람이라, 약한 감정은 아주 소소한 것조차 허락하지 않잖아요. 그래서 수학에 재능이 없다는 사실을 깨달았을 때 강한 분노와 두려움, 못마땅한 감정이 생겨났어요. 그 순간 내면의 균형을 잡기 위해서 어떻게든 그 열등감을 의식 밖으로 몰아내려 했죠. 당신의 방법은 이랬어요. '수학을 못하긴 하지만 다른 과목은 다 잘하잖아. 이건 내가 특별하다는 증거야. 천재들은 원래 분야별 편차가 크니까.' 이렇게 굳게 믿어버린 거예요. 그렇게 당신은 서서히 천재라는 이미지를 만들어갔고, 그 이미지 덕분에 내면의 균형을 되찾아 만족감을 느낄 수 있었어요."

"내가 그 열등감을 마구잡이로 내리눌렀다는 말이군요? 있는 그대로를 직시하지 않고 그 감정을 잘 처리하지도 않고 말이죠. 그런데 그냥 아무도 모르게 덮어버렸지만 그 감정의 나쁜 에너지는 여전히 존재했던 거고요. 그 에너지가 밖으로 빠져나가지 못해 당신이 된 거예요. 맞나요?" 그가 희미하게 고개를 끄덕였고 나는 그제야 깨달았다. "그러니까 당신은 내가 억눌러놓은 열등감의 화신이고, 그래서 태어날 때부터 열등감을 느낀 거였군요."

그는 고개를 끄덕였다.

"그래요. 나는 수학에 대한 열등감뿐만 아니라 당신이 살면서 느꼈던 모든 열등감의 화신이에요. 지금껏 몇 번이나 열등감을 느꼈고, 얼마나 많은 열등감이 내 몸 위에 쌓였는지 상상할 수도 없어요. 솔직히 열흘 밤낮을 센대도 다 못 셀걸요."

"그럼 한번 세어봐요."

진심이었다. 나는 내가 잊으려 했던 열등감들을 되짚어보고 싶었다.

"음⋯." 그는 썩 내키진 않는다는 듯 잠깐 생각하고는 입을 열었다. "예를 들어 사람이 많은 곳에 갈 때요, 남들은 다 자연스레 섞여서 아무렇지도 않아 보여요. 그럼 난 혼자 그쪽을 바라보며 생각하죠. '난 잉여인간이야. 이곳에 어울리지 않는 것 같아.' 그들이 이상한 눈으로 나를 쳐다보는 것 같아 몹시 긴장해요. 때로는 내 걸음걸이조차 이상한 것 같고, 남들이 날 비웃지 않을까 늘 걱정하죠."

"또 다른 건요?"

확실히 그런 기분을 느껴본 적이 있었다.

"어떤 종류의 생각이든, 설령 옳다고 굳게 믿는 생각이라 할지라도 일단 입 밖에 내고 나면 뭔가 미심쩍고 틀린 것 같고 전혀 설득력이 없는 것처럼 느껴져요. 특히 내 생각에 반대하는 사람을 만나면 곧바로 꼬리를 내리고 생각을 바꾸죠. 상대방의 생각이 맞는 것 같거든요."

이쯤 되자 나는 머리가 약간 멍해지는 기분이었다.

"또 있나요?"

"같은 옷이라도 다른 사람이 입으면 굉장히 멋지고 매력적인데, 내가 입으면 그렇게 멋지지도 않거니와 오히려 우스워 보이고요."

"또?"

나는 계속 물었다. 질문과 답변이 거듭될수록 그저 놀랍기만 했다.

"운동에 끼려고 하지도 않아요. 싫어하기 때문이 아니라, 빨리 뛰지도 못하고 높이 점프하지도 못하고 힘도 없고 날쌔지도 못한 것 같으니까요. 다른 사람들이 움직이는 걸 보면 민첩하고도 순발력이 넘치는데 나는 아무짝에도 쓸모가 없는 물건 같고. 또…."

"됐어요, 그만. 그만해요."

식은땀이 흐를 지경이었다. 그의 말은 확실히 나를 불편하게 했다. 하나같이 실제로 느껴봤던 것들이었고, 그런 감정들의 존재를 자주 느끼고 있었으니까. 나는 경악했다. 나의 내면에는 정말로 그토록 무수한 열등감이 숨어 있었던 것이다. 내가 제대로 바라보고 해결해주기를 기다리면서.

나는 눈을 들어 앞에 있는 노인을 바라보았다. 마치 그 정도 나이를 먹은 내 모습을 보는 것 같았다. 내가 나 자신을 저렇게 잔인하게 대했을 줄은 꿈에도 몰랐다. 스스로를 저런 꼴로 만들다니, 난 대체 무슨 짓을 한 걸까? 고요한 통곡이 절로 나왔다.

"미안합니다." 나는 진심으로 사과했다. "내가 당신을 망쳤어요. 열등감을 느낄 때마다 제대로 처리하지 않았어요. 매번 거짓된 자존심을 내세워 외부의 자극에 대처할 뿐이었어요. 그렇게 나 자신을 속이고 열등감을 저 구석진 곳에 가둬둔 거예요. 그렇게 이런저런 열등감을 한곳에 쌓아 당신을 이렇게 늙어버리게 했네요. 환갑 넘은 걸인의 모습으로."

"괜찮아요." 그는 약간 적응이 안 된다는 듯한 얼굴로 대답하고는 곧장 물었다. "이제 알겠어요? 내가 왜 좋은 날씨에조차 열등감을 느끼는지를?"

"알겠어요." 나는 대답했다. "나는 지금껏 인정받지 못한 경험들과 자기부정을 모조리 당신의 어깨에 올려놨어요. 그래서 당신은 극도로 비굴해졌고, 이 세상은 어둡고 냉혹하다고 생각하게 된 거죠. 누군가 아주 작은 친절을 베풀어도 눈물이 나도록 감격하는 것은 그것 때문이에요. 당신은 세상의 사랑과 온기를 느껴본 적이 없어요. 스스로를 가장 낮은 곳에 억눌러 가둬두고, 쓰레기하고나 어울린다고 생각할 뿐 세상의 좋은 것들은 누릴 자격이 없다고 여기고…."

"그럼, 전 이제 어떡해야 하나요?"

그는 서글픈 얼굴로 나를 바라보았다.

오랜 침묵이 흐른 끝에 내가 말했다.

"오랫동안 인정받지 못한 사람은 반사회적인 인격이 되거나 자기 자신을 철저히 부정하게 돼요. 전자는 공격적인 방식으로 다른 사람을 정복하면서 존재감을 얻으려 하고, 후자는 자신을 인정해주지 않는 사람들의 생각을 바꿀 수 없으니 거기에 따라버려요. 어느 쪽이든 그들은 다만 외부세계로부터 받아들여지는 것을 원할 뿐이죠. 이런 사람들은 평생에 걸쳐 남들의 관심을 얻으려 애를 쓰게 돼요."

"저는… 후자군요."

그가 작게 고개를 끄덕였다. 나는 말을 이었다.

"남들의 인정과 생각이 정말 그렇게 중요할까요? 그들에게 묻는다면 아마 매우 중요하다고 답할 겁니다. 왜냐면 남들이 인정을 해줘야 자신이 받아들여진다고 생각하니까요. 하지만 남들에게 받아들여지는 것이 그토록 중요할까요? 그것도 당연히 그렇다고 할 거예요. 남들이 자신을 수용해주어야 어느 집단에 일원으로서 머물며 안전하다는 느낌을 받을 테니까. 그렇지 않으면 자신이 살아가는 세계에서 인정받지 못하는 것이 되고, 그런 사람은 아무런 가치가 없다고 여기니 말이죠. 그러다 보니 남들에게 받아들여지고 이 세상의 일원이 되는 것이 그들 인생 최대의 잠재적 욕망이 되는 거예요. 이런 마음을 바꾸고 싶다면 자신의 거짓된 마음을 똑바로 들여다봐야만 해요. 그러지 못한다면 설령 억만장자가 된대도 자기비하에서 벗어날 수 없을 거예요."

"마음을 똑바로 들여다보라…. 어떻게 해야 그럴 수 있을까요?"

그의 말투는 사뭇 간절했다.

"자신을 비하하는 사람들이 가장 먼저 알아야 할 것은 자신의 욕망과 걱정이 지나치게 외부적인 것에 쏠려 있다는 거예요. 과도하게

54

외부를 의식하면 스스로 판단하는 능력을 잃게 됩니다. 자기비하의 심리에는 사실 수많은 분노와 실망이 숨어 있어요. 하나같이 자기 자신을 겨냥한 것들이죠. 이런 분노와 욕망은 자기 자신을 향해 폭풍처럼 쉼 없이 들이치고, '나'라는 묘목을 마구잡이로 짓밟아요. 그 묘목이 뿌리가 뽑힐 지경이 되더라도 말이죠. 그러니 이런 사람들은 분노와 실망의 폭풍우를 다른 쪽으로 돌려야 해요. 계속해서 자신을 공격하고, 탓하고, 억압하는 일이 없도록 말이에요. 남들을 부러워하지 말고 '나'라는 묘목을 일으켜 세우는 법을 배워야 해요. 따뜻하게 아껴주고 사랑을 쏟으면서 곧게 키워 멋진 나무가 될 수 있도록 하는 거죠. 자신 또한 조물주가 정성 들여 만든 걸작이고 그 자체로 멋지니, 매사에 남들의 시선을 신경 쓸 필요는 없다고요. 당신은 결코 까닭 없이 존재하는 것이 아니에요. 이 세상의 당당한 일원이라는 사실을 늘 기억하세요."

"그 말을 들으니 굉장히 편안해지는군요." 그는 깊이 생각하는 듯했다. "당신 말이 맞을지도 모르겠어요. 잘 생각해볼게요. 어쨌든 이렇게 만나게 되어 얻은 게 참 많네요. 적어도 누군가와 얼굴을 마주보고 허심탄회하게 이야기를 나눌 수 있었으니까요. 저한테는 이것도 상당히 큰 발전이거든요."

"별말씀을."

나는 겸손하게 대답했다.

"아, 지금 오해하는 것 같은데, 당신에게 고마워한다는 뜻이 아니에요. 그저 당신의 말이 어느 정도 쓸모가 있다고 생각했을 뿐이지. 사실 당신이 나를 이렇게 늙은이로 만들어버린 것에 대해선 아직 원망이 남아 있거든요."

그는 그렇게 말하며 천천히 몸을 일으켜 세웠다.

"나는⋯."

그의 등을 향해 무어라 더 말하고 싶었다.

"내면의 가장 진실한 감정을 존중해야죠. 아닌가요?"

그는 웃으며 손을 흔들더니 곧 사라져버렸다. 그야말로 놀랍도록 환하게 웃으며.

나는 잠시 멍하니 서 있다가 커튼을 걷고 문을 열었다. 밝은 햇빛이 집 안으로 쏟아져 들어왔다. 기분이 좋아져서 절로 웃음이 나왔다.

결백 씨

내가 늘 옳으려면 남이 틀려야 해

누군가와 우정과 사랑을 나누려면,
그에 걸맞은 죄를 감당할 용기가 필요하다.
– 어빈 얄롬 (IRVIN D. YALOM)

나의 인격들 가운데 가장 마음에 들지 않는 것은 결백 씨다. 그러나 내가 가장 소홀히 할 수 없는 것 또한 그였다. 결백 씨는 위력이 대단하다. 내 기분을 가장 잘 맞춰주니까. 그는 내가 인간관계에서 상처를 받았을 때 효과적으로 날 보호해준다. 하지만 그건 비가 새는 지붕에 급히 얹어놓은 기왓장처럼 임시방편일 뿐이었다. 잠깐 동안 빗물을 막아주긴 하지만 집 전체를 완전히 지켜주지는 못했다. 바람이 심하게 불기라도 하는 날에는 집이 통째로 뒤집힐지도 모르는 일이었다.

나는 용감하게 결단을 내렸다. 결백 씨와 차근차근 대화를 나눠보기로. 그런데 뜻밖에도 그가 번번이 나를 피하는 바람에 별수 없이 편지를 써 보내기로 했다. 이 편지가 그의 마음을 움직일 수 있기를 바라면서.

친애하는 결백 씨에게.

나를 직접 만나 이야기를 듣는 것처럼 편지를 읽어주었으면 좋겠어요.

당신에게 이 편지를 쓰기 위해 나는 굉장히 오랫동안 고민했답니다. 당신과 터놓고 이야기를 나눠야 할 것 같아서요. 이 편지에서 얘기하는 의견에 반감이 들 수도 있겠지만 하나같이 나의 진심입니다. 좀 독설처럼 들리더라도 말이죠. 우리는 같은 지붕 아래 살고 있고, 본질적으로는 한 사람이니 생각도 다를 리 없을 거예요. 그러니 솔직한 말에 화가 나더라도 차분하게 끝까지 읽어주면 좋겠어요.

당신에게는 습관이 하나 있죠. 늘 스스로 올바른 쪽에 서 있다고 생각하고, 아무것도 잘못하지 않았다고 여기는 습관 말이에요. 그러면 확실히 기분이 나아지고 당당해지는 것 같아 좋았죠. 그렇지만 나는 늘 걱정이 됐어요. 그런 태도가 나 자신과 타인을 기만하는 것은 아닐까, 그래서 나의 발전에도 바람직하지 않은 것은 아닐까 하는 생각이 들더군요. 어쨌거나 '내 잘못은 아냐. 이 일은 네가 내게 미안해하고 후회하고 창피해해야 할 일이지' 라는 식으로 믿어버림으로써 나는 행복과 자신감을 얻었던 거예요.

스스로 결백해지기 위해 타인의 괴로움과 고통도 본체만체했죠. 당신에게 자주 잘못을 하는 친구가 있어요. 당신은 그 친구와 말을 하지 않았고 입을 꾹 다문 채 그를 경멸하기만 했죠. 상대방이 아무리 미안하다고 해도 입을 열지 않았어요. 그렇게 둘 사이의 우정은 순식간에 식어버렸고, 예전 같은 사이로 돌아갈 수 없게 됐죠.

그렇지만 그 친구와의 우정을 소중히 생각했던 당신 또한 무척 고통스러워했어요. 당신이 고통스러우면 나도 행복할 수 없다는 사실을 알아야 해요. 이 고통은 결백함에서 비롯된 것이 분명하고, 난 그래서 당신과 이야기를 나누고 싶었어요. 결백함에 대해 좀더 깊은 대화를 나누고 싶었죠.

결백이란 무엇일까요? 결백은 당신에게 아무런 잘못도 없다는 뜻이죠. 예를 들어, 친구가 당신의 연인을 빼앗거나 열심히 일해서 얻은 공을 가로챈다면 당신은 무척 고통스러울 거예요. 그러나 이와 동시에, 당신의 내면 깊은 곳에는 은근한 기쁨과 우월감이 생겨나죠. 왜일까요? 그것은 배신과 강탈이 도덕적으로 부끄러운 행위이기 때문이에요. 상대는 당신의 연인과 공로를 얻었지만 소위 신의를 잃었어요. 신의는 대다수 사람이 공감하는 가치잖아요. 반대로 당신은 연인과 공로를 잃었지만 사람들의 공감을 얻게 되었죠. 이런 심리 때문에 당신은 집단에서 버려지지 않을 거라고, 진리가 당신의 편에 있다고 생각하게 됩니다. 물론 상대방의 행위는 이런 공감을 사지 못하겠죠. 사실, 현실 세계에서는 어떨지 모르겠지만.

인간은 결국 사회적 동물이에요. 고독에 대한 욕구가 아무리 크다 해도 잠재의식 속에는 늘 귀속 욕구가 존재합니다. 누구나 내면 깊은 곳에서는 집단으로부터 버려지는 것에 대한 깊은 공포를 품고 있어요. 이 공포심으로 말미암아 양심의 가책이 발생하고요.

살인을 저지른 뒤 법망을 잘 피한 덕에 용케 잡히지 않았다 해도 사건을 저지르기 전처럼 마음 편히 살 수는 없겠죠. 그것도 다 이 때문입니다. 당신이 인정하든 인정하지 않든, 이런 사회적 양심은 우리 모두의 마음 깊숙한 곳에 묻혀 있어요. 신이 보낸 법관처럼 수시로 당신을 심판하죠. 살인자는 스스로 떳떳하지 못하다고 느끼기 때문에 마음에 공포와

양심의 가책을 안고 살고, 그림자처럼 따라다니는 악몽과 고통에 시달리게 되는 거예요. 어떤 사람은 이런 고통을 견디다 못해 차라리 자수를 해서 처벌을 받고 심리적인 평온을 얻으려 하죠. 그렇지 않으면 겉으로는 잘 사는 것처럼 보여도 사실은 평생 고통에 시달리게 되니까요.

이 같은 심리적 규율 때문에 많은 사람이 결백함의 노예가 돼요. 결백을 지나치게 좇느라 비정상적인 상황에까지 이르게 되죠. 결백에 집착하는 부류의 사람들은 자기 자신에게 높은 도덕적 기준을 부과하여 다른 사람들로부터 인정을 받으려 합니다. 스스로 '나는 착한 사람이고 성자에다 누구보다 뛰어나다'라는 환상을 품게 됩니다. 그들의 가장 큰 특징은 명분을 세우느라 남들의 감정은 생각하지 않는다는 거예요. 자신의 결백함을 내세워 타인을 괴롭게 하는 것이 그들이 흔히 쓰는 방법이죠. 늘 피해자인 척 구는 사람들이 바로 이런 부류고요.

하지만 현실적으로, 사람 사이의 충돌과 갈등은 피할 수 없어요. 이런 갈등들은 대부분 대단한 원한 때문에 일어나는 것이 아니고 너그러운 사람들에게는 상처라고도 할 수 없을 만큼 소소한 사건들 때문에 일어나는 거예요.

하지만 '결백한' 사람들에게는 다르죠. 그들은 존재감을 드러내려는 욕구가 강하기 때문에 별것 아닌 잘못도 그냥 넘어가지 않아요. 그러면서도 대개 심각한 충돌은 피하려 합니다. 왜냐면 일단 부딪히게 되면 그 과정에서 자신 또한 잘못을 저질러 결백함을 잃어버릴 수 있으니까 말이죠. 결백한 이들은 이런 걸 원하지 않습니다.

그래서 그들은 상처를 받으면, 충돌하기보다는 냉담한 태도를 보여요. 특히 사이가 좋았던 친구에게는 더욱. 이건 결백한 사람들에게서 가장 흔히 나타나는 행동이죠. 세상에 대고 이렇게 말하는 셈이에요. '여길 봐, 저 못된 녀석이 나한테 잘못을 했어. 난 이제 쟤랑 말 안 할 거야. 죽을 만큼 죄책감 한번 느껴보라지.'

결백한 사람은 주로 수동적인 방식을 선호하고 적극적으로 나서려 하지 않아요. 만약 그들이 적극적으로 갈등에 개입한다면, 그건 자신이 옳다고 확신할 때뿐이죠. 그들은 결백하기 때문에 처벌과 책임에서 자유롭고, 소위 도덕을 따라 걸어야 한다고 생각하기 때문에 옳지 않은 일은 절대 안 해요. 자신의 결백을 지키기 위해 나쁜 일을 봐도 힘껏 대항하지 않아요. 그런 일 자체에 끼고 싶지 않으니까. 그들이 말하는 결백함이란 그런 거죠. 악한 일을 하지 않으면 자신은 깨끗해질 거라고 생각하고, 아무것도 하지 않는 것이 곧 잘못을 하지 않는 것인 줄 알아요.

또 결백한 사람들은 남들의 인정을 받기 위해 너그러운 척하죠. 겉으로는 상대를 너그럽게 이해하는 척하면서 속으로는 앙금을 끌어안은 채 거리를 두고 냉랭하게 대해요. 냉담한 태도로 보복하는 건데, 그 속뜻은 이래요. '내가 잊은 줄 알아? 수시로 알려주겠어. 네가 내게 잘못을 했으니, 넌 마땅히 가책을 느껴야 해.'

그러나 이렇게 결백함을 유지하려는 행위 자체가 실은 굉장히 잘못된 일이에요. 한쪽이 늘 깨끗하고 결백하고자 하면 다른 한쪽은 계속해서 벌을 받아야 하니까요. 그럼 두 사람 사이의 감정은 시들어버리겠죠. 상대방의 죄책감이 일정 선을 넘어서면 원한이 되고, 이 원한이 또다시 결백한 사람의 원한을 사게 됩니다.

결백한 사람도 우정이 깨지는 것을 원치 않을 수도 있지만, 천성과 습관이 그렇게 놔두지 않아요. '이 감정을 소중히 생각했기 때문에 상처받았다'며 더더욱 상대방을 용서하지 않죠. 이런 식으로 내면의 진정한 목소리를 제대로 듣지 않기 때문에 결백한 사람의 마음속에도 그림자가 드리워지고, 그래서 이런 사람들은 진정으로 행복할 수가 없는 거예요. 우울해지거나 불안에 떨고, 심지어는 반사회적인 인격이 되어버리기도 하죠.

바로 이런 결백에 대한 결벽 때문에 결백한 사람들은 뜻하지 않은 사건으로도 엄청난 고통을 받아요. 상대를 쉽게 용서하지 않는 마음은 타인을 속박하고 자기 자신도 가둬버리죠. 결백한 사람들은 겉으로는 안정적으로 보이지만, 사실은 오히려 남들보다 더 많은 불안함을 안고 있어요. 불안이란 심리적인 균형이 흐트러져 있다는 뜻이고, 그러한 불균형은 필연적으로 심리적 문제를 초래하죠.

결백 결벽증은 마음속에 사랑이 부족한 데서 비롯되는 겁니다. 결백 결벽증이 있으면 타인을 아끼지 못하고 자기 자신은 더더욱 사랑하지 못하죠. 자기 내면 깊은 곳의 진정한 감정과 생각을 제대로 볼 줄 알고 진정한 목소리를 따라 걸어야 합니다. 매번 '결백 결벽증 방어기제'에 휘둘리지 말고 말이에요. 이것이 결백 결벽증에서 벗어나는 방법이죠.

믿으세요. 사람과 사람 사이의 감정과 사랑은 일정한 크기의 죄를 감당할 용기를 필요로 한다는 것을.

여기까지 읽었으니 어쩌면 당신은 폭발하기 일보 직전일지도 모르겠군요. 하지만 화나는 지점이 있다면 그 부분을 한번 곰곰이 생각해볼 필요가 있어요. 거기에는 당신의 굳어버린 생각을 헤집어놓을 힘이 있으니까요. 좋은 약은 입에 쓰고, 충언은 귀에 거슬린다고 하죠. 당신은 똑똑하니까 내 말이 무슨 뜻인지 쉽게 이해하리라 믿어요.

부정당하는 것은 물론 힘들죠. 하지만 길고 긴 인생, 잠깐의 고통으로 삶이 좀더 나아진다면 딱히 손해 볼 것도 없지 않을까요?

내가 할 말은 여기까지입니다. 이해할 수 없고 몹시 불쾌하다면 언제든 답장해서 날 탓해도 좋아요. 아니면 직접 찾아와 이야기를 해도 괜찮습니다.

시간이 늦었네요. 여기까지 쓸게요. 난 이제 씻고 자야겠어요. 좋은 꿈 꿔요.

늦은 밤, 솔직으로부터

편지를 보내고 한참 뒤, 결백 씨가 내 눈앞에 나타났다. 나는 몹시 긴장한 채 그의 원망을 들을 준비를 했다. 하지만 그는 불만을 터뜨릴 뜻은 없어 보였다. 그 녀석과 나는 생김새도 비슷하고 생각도 잘 통해서 나는 그의 눈빛을 통해 그가 어떤 생각을 하는지 읽을 수 있었다.

들어와 앉으라고 했지만 그는 거절했다. 오늘은 길게 이야기를 나누러 온 것이 아니라고 했다. 한 가지만 확인하고 돌아가겠다기에 나는 고개를 끄덕였다.

"좋아요. 말해봐요."

"편지를 모두 읽었어요. 아주 오랫동안 화가 났지만, 당신의 말도 일리가 있는 것 같아 받아들이기로 했어요. 다만 한 가지. 편지 안에 회색 그림자까지 준 부분이 있던데, 당신은 그게 핵심이라고 표시한 것 같더군요. 하지만 거기엔 동의할 수 없어요. 당신의 제안을 받아들이기로 마음먹은 것은 그 부분이 아니라 바로 그 아래에 있던 문장 때문이에요. '사람과 사람 사이의 감정과 사랑은 일정한 크기의 죄를 감당할 용기를 필요로 한다'라고 했었죠? 근데 나는 당신이 어떻게 그토록 유식한 말을 한 건지 모르겠어요. 그거 직접 생각해낸 거 맞아요?"

나는 잔뜩 무안해져서 식은땀까지 흘리며 웃었다.

"당신이 옳아요. 내가 만든 게 아니라 심리 치료의 대가인 어빈 얄롬이 한 말을 좀 바꾼 거예요. 내가 그분 팬이거든요."

그러자 결백 씨는 의기양양하게 웃었다.

"음, 인정하면 됐죠. 당신 그래도 꽤 솔직한 편이군요? 내가 할 말은 이게 다예요. 이만 가볼게요."

말을 마친 그는 경쾌하게 사라져버렸다.

미루기 씨

언제까지 뱅뱅 돌기만 할 건가

시간은 빠르게 흘러, 하루가 한 시간처럼 휙 지나가 버리곤 한다.
그러면 나는 퍼뜩 깨닫는다.
세워둔 계획은 하나도 이루지 못했고, 모든 일은 아직도 그대로라는 것을.
마법에라도 걸린 것처럼 두 발이 굳어져 나아갈 수도 물러설 수도 없다.
나는 그저 제자리를 맴돌 뿐.

눈을 감으면, 쉼 없이 달리는 한 남자의 모습이 떠올랐다. 이틀 동안이나 내내 그랬다. 그는 특이하게도 허리에 줄을 감고 있었는데, 줄의 끝이 나무에 매여 있었다. 그러니까 나무 주위를 끝없이 돌고 있는 것이다. 그는 이를 악문 채 빠른 속도로 달리기도 하고, 졸린 얼굴로 느릿느릿 걸음을 떼기도 했다.

저 남자는 대체 무얼 하는 걸까? 나는 내심 궁금했지만 묻자니 실례가 될 것 같아 꾹 참고 보기만 했다. 그런데 오늘, 도저히 더는 참을 수가 없어 그에게 다가갔다.

"안녕하세요? 지금 운동하시는 건가요?"

그는 내 쪽을 흘낏 쳐다보았지만 달리기를 멈추진 않았다.

"아니요. 내 꿈을 향해 달려가는 중인데요."

그 말을 듣자 더더욱 궁금증이 일었다.

"꿈이라면 어떤…?"

그는 거만한 눈으로 나를 바라보았다. 여전히 걸음은 멈추지 않은 채였다. 그는 나무 주위를 빠르게 뱅글뱅글 돌면서 저 멀리 솟아 있는 가장 높은 산봉우리를 가리키며 말했다.

"나는 저 봉우리에 오를 거요. 최초의 정복자가 되는 거지!"

그제야 나는 알겠다는 듯 웃으며 대꾸했다.

"그렇군요. 꿈을 이룰 준비를 하며 몸을 단련하는 중이셨군요. 좋은 생각이네요. 열심히 하세요!"

그런데 뜻밖에도 내 말을 들은 남자가 벌컥 화를 냈다.

"거 참 멍청하군. 내가 지금 온 힘을 다해 달리는 게 안 보여요? 준비라니? 웃기지 마쇼. 난 이미 출발했거든!"

순간 나는 어안이 벙벙해졌다. 그를 쳐다보았다가 다시 저 멀리 있는 산봉우리를 바라보았다. 그 둘을 번갈아 보면 볼수록 영문을 알 수가 없어 또다시 묻고 말았다.

"하지만, 당신은 지금 제자리를 돌고 있잖아요!"

그가 갑자기 걸음을 멈추더니 내 쪽으로 고개를 돌리며 웃기 시작했다.

"당신 말이 맞아요. 난 제자리를 돌고 있지."

이상한 대답이었다. 나는 그를 점점 더 이해할 수 없었다.

"어째서죠?"

"당신에게 내 상태를 설명하기 위해서지."

그는 허리에 묶었던 끈을 풀어 한쪽에 던져두었다. 거만하던 표정도 어느새 사라졌다. 그는 나무 그늘에 놓인 탁자로 가 앉으며 잘 아는 친구를 부르듯 내게 손짓했다. 그러고는 담담하게 찻주전자를 들어 내 찻잔을 가득 채워주었다.

"오늘쯤 당신이 올 줄 알았어요. 아, 이상하게 생각하진 말아요. 난 당신의 머릿속에 있으니까. 요새 상태가 영 별로라서 이야기를 나눌 필요가 있었어요. 당신에게 설명을 해주고 싶었거든요. 지금의 내 삶이 바로 이렇다고. 가슴속에 꿈은 품고 있지만 실제로는 매일 제자리만 맴돌고 있다고."

그의 태도가 왜 백팔십도 달라졌는지는 알 수 없었지만 차분한 모습을 보니 나 역시 편안해졌다. 나는 찻잔을 들어 차를 한 모금 마셨다. 맛이 괜찮았다.

"좀더 자세히 얘기해줄래요?"

"물론이죠." 그가 말했다. "그쪽도 알다시피 나는 지금 남의 밑에서 월급 받고 일하잖아요? 내 꿈과는 거리가 멀지만, 최소한 내가 원하는 일을 하고는 있어요. 그러니 상식적으로 보면 기분 좋게 열정적으로 일해야 하는 상황 아닙니까?"

나는 잠시 생각해본 다음 그럭저럭 고개를 끄덕였다. 그가 말을 이었다.

"그런데 현실은 그게 아니란 말이죠. 일하는 게 아주 고역인 데다 이제는 이쪽 업무가 내 적성이 아닌 건가 하는 생각까지 들어요. 아침마다 똑같은 알람 소리에 깨서 똑같은 방에서 일어나고 잠시 멍하니 앉아 있고. 멍 때리는 시간까지 매일 비슷해요. 똑같은 시간에 집을 나서고, 똑같은 길을 지나 회사에 출근해서 종일 바쁘게 움직인단 말이에요. 할 일은 많은데 매번 도중에 사고가 터져 흐름이 끊기고, 그러다 보면 하루를 또 날리게 되고. 매번 내일부터는 좀 달라져 보자고 다짐하면서도 잠에서 깨면 또 어제처럼 살죠. 비슷하게 멍 때리고 비슷하게 걷고, 비슷한 일들이 일어나 흐름이 끊기고, 비슷하게 또 하루를 허비하고…."

"그러니까, 당신은 지금 맷돌에 묶인 나귀처럼 살고 있는 거네요. 자신은 앞으로 가고 있다고 생각하지만 실제론 정해진 범위 안에서만 맴도는. 바꿔 말하면 그런 상황에서 벗어나고 싶은 마음은 굴뚝 같은데 삶은 계속 악순환에 빠지는 것 같달까."

내가 끼어들듯 말을 받았다.

"맞아요, 바로 그거죠. 거 참 찰떡같이 잘도 알아듣네."

그는 이제야 나를 만난 것이 몹시 안타깝다는 듯한 표정을 지었다.

"지금 자신의 가장 큰 문제가 뭐라고 생각하나요?"

나는 그를 진정시키고 질문을 이어갔다.

"아무래도 시간 관리에 문제가 있지 않나 싶어요."

그가 차분하고도 진지하게 대답했다.

"그렇군요. 그럼 한번 생각해보죠. 지금까지 적어도 몇 번은, 정말로 하고 싶은 일을 할 시간이 충분했을 때가 있지 않았나요? 그때는 결과가 어땠어요?"

내가 물었다. 그는 잠시 기억을 더듬더니 곧 고개를 가로저었다. 말투에 우울함이 묻어났다.

"별로였어요. 일을 할 때 효율성이 떨어지더라고요."

"효율성이 떨어져요?"

"어떤 일을 하고 있을 때도 항상 다른 일을 하고 싶어서 집중할 수가 없거든요. 또 시간이 넉넉하다 보니 급할 게 없어서 중간에 다른 일을 해도 될 것 같은 생각이 들기도 하고요. 하지만 지나고 보면 대부분의 시간은 잡다한 일을 하느라 다 써버리고, 정작 해야 할 일은 그대로 남아 있는 경우가 많았죠."

그는 무척 고민스러워 보였다.

"그럴 때면 어떤 기분이 들던가요?"

"자책감도 들고 초조하죠. 나중에는 자꾸 같은 일이 반복되니까 아예 될 대로 되라 하는 마음도 들었어요. 심지어 어떻게든 합리화하려고 명분을 찾기도 한다니까요."

"명분이라면?"

"이를테면 지금은 너무 피곤하니까, 뭐 그런 거요."

그가 대답하면서 나를 한 번 힐끔 봤다.

"정말로 피곤했을 수도 있잖아요."

나는 계속 물었다.

"꼭 그런 건 아니었어요. 휴가를 얻어서 제대로 쉬고 난 다음에도 그런 명분을 내세웠으니까."

이제 그는 좀 초조해 보였다.

"왜 그런지는 생각해보셨어요? 당신 스스로에게 질문을 해보았나요?"

나는 일깨우듯 물었다. 그는 양손을 들어 관자놀이를 꾹꾹 눌렀다. 그 상태로 한참 생각에 잠겨 있더니 이윽고 입을 열었다.

"음…, 조금은 알 것 같아요. 난 좀 어수선한 편이어서 이런저런 자잘한 일들에 신경을 곧잘 빼앗기거든요. 큰 목표는 너무 멀리 있는 것 같고, 하루아침에 해낼 수 있는 것도 아니고요. 목표를 향해 나아가다 보면 좌절을 겪곤 하니까 자연히 그렇게 생각하게 되더라고요."

"그 이유에 대해 생각해본 적은 없어요?"

나는 계속해서 그를 일깨워주려 애썼다.

"당연히 있죠. 시간이 흘러도 최종 목표가 실현되지 않으니까 나 스스로도 과연 그걸 이룰 수 있을까 두렵고 불안해진 것 같아요. 그러다 좌절을 겪으면 두려움이 커지고, 뒷걸음질을 치면서 난 왜 이렇게 무능할까 하는 생각이 들곤 했죠. 하지만 또 내가 무능하다는 걸 인정하기는 싫었어요. 그래서 자꾸만 목표와 무관한 일들을 하면서 그 틈을 메우려고 했어요. 어쩌면 내가 이런 일 정도는 해낼 능력이 있는 사람이라는 걸 증명하려고 했던 것 같아요."

그는 말을 하면서 스스로도 몰랐던 사실을 깨닫기라도 한 듯 연신 고개를 끄덕였다.

"당신에게 그 소소한 일들은 중요하지 않은 일들인가요? 모두 쓸데없는 것들이에요?"

대화가 이어질수록 그는 조금씩 자신을 이해해가는 것 같았다. 나의 질문도 한결 단순해졌다.

"꼭 그런 건 아니에요." 그는 진지하게 대답했다. "모임이나 접대 같은 것들은 인맥을 유지하는 데 도움이 되죠. 시원하게 샤워를 하고 차를 한잔 마시면 기분전환이 되고요. 또 업무상 자잘한 일들은 큼직한 일을 준비하는 고리가 되기도 해요. 이런 소소한 일들을 하지 않으면 큰일을 해내지 못할 뿐 아니라, 도리어 일을 망칠 수도 있죠."

"그럼 지금은 작은 일들에 대해 어떻게 생각하세요?"

"그런 일들을 잘 해내면 최종 목표에 도달하는 데 밑바탕이 돼요. 하지만 작은 일들 중에서도 우선순위를 두고 취사선택을 해야 하지요."

"처음으로 돌아가 볼까요? 당신이 제자리걸음을 하게 된 이유가 뭐라고 생각하세요?"

그러자 그는 다시 관자놀이에 손을 갖다 댔다.

"그건…, 아마도 내가 생각이 너무 많아서인 것 같아요. 최종 목표에 대한 두려움과 불안 때문에 마음이 어수선했던 거죠. 시간은 계속 흘러가고, 나랑 똑같이 출발한 사람들은 나보다 점점 위로 올라가고…. 그걸 느낄 때마다 점점 더 조급해지고 무기력해지고 자책감이 들고, 심지어는 우울해지기까지 하고요. 때론 괴로움에 소리를 칠 때도 있어요. '빌어먹을! 어쩌지? 이제 어떡하지?' 하면서요. 그럴 때마다 이런저런 잡다한 일을 하면서 마음을 진정시키죠. 하지만 지나치게 초조해하고 마음이 불안하다 보니 일은 갈수록 더 복잡해지고 점점 엉망이 되고, 나는 더 발악하게 돼요. 그런 식으로 끌어온 잡일이 점점 더 쌓여서 거미줄처럼 날 옭아매기도 하고요. 뭐든 하고 싶어 하고 또 늘 무언가를 하고 있지만, 완벽히 끝내는 일은 하나도 없고…."

말을 마친 그는 깊이 한숨을 내뱉었다. 나는 가만히 그를 바라보며 말했다.

"그래요, 친구. 지금 당신에게 가장 필요한 건 소리 지르는 것도, 발악하는 것도, 자책하는 것도 아니에요. 스스로를 천천히 안정시키는 법을 배우는 거죠. 눈을 가린 먼지를 조금씩 쓸어내 원래 품고 있던 뜻과 꿈이 드러나도록 하는 거예요. 마음이 차분해지면 지내는 게 좀 나아지겠죠."

한참 동안 생각에 잠겨 있던 그가 입을 뗐다.

"그래요. 그 말이 핵심인 것 같네요. 내게 필요한 건 차분함이에요."

나는 계속 말을 이었다.

"당신은 뜻을 세워두고도 초조해하고 있는데, 초조해할수록 꿈에서 멀어져요. 아까 당신이 왜 그렇게 뛰고 있었는지 이제 확실히 알 것 같네요. 목표를 달성하고 싶다는 마음이 컸던 거예요. 그 마음이 당신에게 내재된 힘이라면, 일상과 업무에서 생겨나는 각종 잡다한 일은 앞으로 나아가지 못하게 가로막는 외부의 힘이죠. 두려움과 불안과 초조가 내재된 힘을 약화시켜서 당신은 외부의 힘에 저항할 수 없게 된 거예요. 결국 거기에 휘둘려 제자리만 빙빙 돌게된 거고요. 당신이 지금 같은 상황을 벗어날 수 없는 까닭은 허리에 매인 그 줄을 끊지 못하기 때문이죠. 마음을 차분히 하고, 내재된 힘을 원래대로 서서히 되돌려놓아야 외부의 속박을 끊고 올바른 방향으로 나아갈 수 있어요."

그는 가볍게 고개를 주억거렸다.

"그렇겠네요. 맞아요. 어떻게 해야 마음이 차분해질까요?"

"이렇게 해보는 것도 방법이 될 수 있어요. 편안한 자리에 앉거나 누워서 잠시 호흡에만 집중해보는 거죠. 아무것도 하지 않고 그저 자연스럽게 숨만 쉬는 거예요."

"그다음엔?"

"상상을 하는 거예요. 당신 몸의 호흡과 지금 곁을 스치는 바람조차 무척 귀중하다고 생각해봐요. 쉽게 흘러가 버리는 것들이지만 그 순간만큼은 귀하다고 말이지요. 그리고 당신 역시 있는 그대로의 모습으로도 충분히 귀하다고 생각하세요. 완벽하진 않지만 동시에 더

없이 완벽하기도 하다고요.

당신에게는 좋은 점도 있고 나쁜 점도 있을 거예요. 뭔가를 하다 보면 기쁨도 겪고 슬픔도 겪겠죠. 그것들을 전부 받아들이고 자유롭게 해주세요. 지금 겪고 있는 일들을 자세히 관찰하고 계속해서 이어나가요…. 당신의 이야기가 바람처럼 이리저리 움직이고 쉴 없이 변하는 모습을 지켜보세요. 그것을 고치려 할 필요도 쓸데없는 일을 할 필요도 없어요. 그저 관찰하고 받아들이고 내버려 두세요. 나쁜 감정, 예를 들어 부끄러움 같은 감정에서 벗어나는 가장 좋은 방법은 그것을 받아들이는 거예요. 압박감을 느끼거나 회피할 필요는 없어요. 그 불편한 감정을 당신이 극복해야 한다는 사실만 이해하면 돼요.

그것들을 인정한 후 눈을 감고 상상해보는 거죠. 이제 나쁜 감정들을 잘 보이는 곳으로 가져간다고 상상하는 거예요. 비록 그것들이 두렵더라도 자아의 문을 열고 내면의 암흑 지대에 도달한다면, 영혼의 문을 열고 치유할 수 있어요. 시간이 흐르면 차가운 물 속에 담가 둔 발가락을 빼낼 수 있을 테죠. 그땐 당신이 선 곳을 감싼 공기의 온도에 적응하게 될 겁니다."

나는 눈을 빛내며 열심히 말했다.

"거 좀 복잡한 것 같은데, 간단한 방법은 없습니까?"

그는 조금 번거롭다는 얼굴로 물었고, 나는 머쓱해져서 웃고 말왔다.

"그래요. 그럼, 일단 노래부터 시작하는 것도 괜찮겠네요."

"노래? 무슨 노래요?"

나는 펜과 종이를 청한 다음, 그에게 〈차분하게〉라는 곡을 써주었다.

차분하게 말들을 고민해야 한다고 생각해

차분하게 길을 걸어야 한다고 생각해

차분하게 책을 읽어야 한다고 생각해

그저 차분하게 스스로를 돌이켜보고 싶어

차분하게 잠을 자야 한다고 생각해

차분하게 누군가를 떠올려야 한다고 생각해

차분하게 모든 일을 잊고 싶어

그저 차분하게 스스로를 돌이켜보고 싶어

처음으로 차분해지기 시작했을 때

나는 평화로운 심장박동 소리를 들을 수 있었지

구름처럼 차분하게

공기처럼 차분하게

차분한 나는 조금씩 이곳에 적응해가네

종이를 받아든 그는 몇 번이고 꼼꼼히 읽더니 천천히 고개를 끄덕였다.

"음, 이 가사 썩 괜찮은데요? 무척 실용적이야. 무슨 뜻인지 이해할 수 있을 것 같아요. 현재의 상태를 받아들이고, 스스로를 아끼는 따뜻한 마음을 가지고 천천히 조급함을 떨쳐내라는 거죠? 그다음엔 잃어버린 힘을 되찾고, 진정으로 하고 싶은 일을 되찾아오고. 그러고 나서는 정돈된 머리로 올바른 시간에 올바른 일을 하고."

"맞아요." 나는 웃었다. "이해력이 좋으신데요."

"이봐요, 이래 봬도 나 원래 똑똑한 사람이라고요." 눈을 흘기면서도 그의 얼굴에는 미소가 가득했다. "그렇지만 정말로 고마워해야겠네요. 이렇게 당신과 이야기를 나눈 것, 굉장히 만족스러웠어요. 아마 앞으로 한동안은 당신을 만날 필요가 없을 것 같군요."

"다음에 만날 때는 우거지상을 한 나귀처럼 빙빙 돌고 있지 않기만을 바랍니다."

내가 웃으며 대꾸했다. 그가 크게 소리 내어 웃었다. 나는 찻잔을 들어 남은 차를 몽땅 마신 다음 매우 유쾌한 기분으로 그와 작별했다.

자살 씨
실패한 걸 말고 안도감을 먼저 느끼다니

죽음의 문턱에서,
삶에 대한 욕구는 더욱 강해진다.

그날은 날씨가 무더웠다. 소년은 짧은 반바지에 신발을 신고 상반신은 벗은 채였다. 가슴 가득 분노와 원망을 품은 그는 거실 한구석에 숨어 있었다. 손에 쥔 과도로 제 몸을 찌를 참이었다. 소년의 나이 열한 살, 반항이 갓 싹 트기 시작한 시기다.

집 밖에서는 매미 소리가 지루하게 울렸고, 주방에서는 어머니가 식사를 준비하는 소리가 단조롭게 들려왔다. 동네는 덥고도 조용했다. 평소와 다를 것 없이 재미없었다. 이 모든 것이 그에게는 너무나 지루하게 느껴졌다. 고작 열한 살이었지만, 소년은 삶이 이렇게 지루해도 되는 걸까 고민하기 시작했다. 삶이 내내 이토록 지루한 것이라면…. 두려웠다.

그는 홀로 중얼거렸다.

"아빠는 늘 집에 없고 엄마는 매일 잔소리만 해. 누나들도 날 못 살게 굴기만 하고. 아무도 나를 사랑하지 않아. 아무도 날 신경 쓰지 않고 내게 관심을 주지 않아. 나는 아무짝에도 쓸모없는 사람이야."

눈에 눈물이 고이더니 이내 바들바들 떨면서 흐느끼기 시작했다. 내면의 슬픔이 밖으로 퍼져 나왔다.

그는 집안의 유일한 남자아이였다. 위로 나이 많은 누나가 셋이나 되는 시골 집안에서 그는 '금두꺼비'처럼 귀하디귀한 아들이었다. 하지만 소년은 슬프고 화가 났다. 자신이 사랑받지 못하는 것 같고 투명인간 같다고 생각했다. 그걸 깨닫고 처음에는 아주 오랫동안 씩씩대며 화를 냈다. 그러다 문득 이런 생각이 들었다. 만약 내가 죽으면, 엄마 아빠에게 더 많은 관심을 받을 수 있지 않을까?

그는 가만히 앉아 생각해보았다. 만약 내가 피를 흘리며 쓰러진다면 어떤 광경이 펼쳐질까? 아마도 텔레비전 드라마 같겠지. 가족들은 피투성이가 된 나를 보고 소스라치게 놀랄 거야. 가장 먼저 발견한 사람이 소리를 지를 테지. 음, 그건 아마 엄마일 거야. 엄마는 늘 집에 있으니까. 그다음엔 이웃 사람을 부를 테고, 아빠나 누나처럼 집에 없는 사람에게 전화를 걸고 나는 병원으로 옮겨지겠지. 그들은 매일같이 하는 똑같은 일들, 영원히 끝날 것 같지 않은 시답잖은 일들을 당장 때려치울 테고 울면서 이렇게 말할 거야.

"바보 같은 녀석, 어쩜 이렇게 어리석을까⋯. 힘든 일이 있으면 말을 할 것이지. 우린 가족 아니니?"

그럼 나는 더 많은 관심과 사랑을 받을 수 있어. 원래는 얻지 못할 것들, 갖고 싶던 장난감이라든지 텔레비전에서 본 무척 맛있어 보이던 음식이라든지 쳐다보기만 하고 사지는 못했던 옷이라든지⋯.

그때부터 그들은 내 생각과 감정들에 신경을 쓸 것이고, 좀더 자주 웃어주겠지. 나는 마을에서 '유명인사'가 될 거야. "XX네 집의 XX는 죽는 것도 무서워하지 않더라" 하는 말들이 떠돌 테고 그럼 다른 애들도 날 두려워하거나 감탄하는 눈으로 바라보겠지. 꼭 텔레비전에 나오는 것처럼!

여기까지 생각하자 그의 입꼬리가 살짝 위로 솟았다. 매우 멋지고 대단한 생각을 해낸 것 같았다. 이제 소년은 과도를 집어 들어 배에 갖다 댔다.

칼날을 배에 가볍게 몇 번 대보았다. 날카로운 날이 얼음처럼 차서 미미한 통증이 느껴졌다. 소년은 저도 모르게 습, 하는 소리를 내고 말았다. 몸에는 닭살 같은 소름마저 오스스 돋았다. '아플까? 틀림없이 많이 아플 거야.' 언젠가 실수로 칼에 베였던 때가 생각났다. 그때도 굉장히 서럽게 울었다. 천천히 선명해진 기억이 그에게 말했다.

"찌르지 마. 바보 같은 짓 그만둬. 틀림없이 아플 거야. 그것도 죽을 만큼…."

그의 손이 가늘게 떨렸다. 스스로 목숨을 끊지 못하는 나약함이 부끄럽게 느껴졌다. 그 수치심에 버럭 화가 나서 호흡이 거칠어지기 시작했고, 저도 모르게 얼굴이 붉어졌다.

그때 손이 덜덜 떨리는 바람에 칼을 떨어뜨리고 말았다. 그는 반사적으로 소리를 질렀다가 얼른 입을 틀어막았다. 뜻밖에도 아픔이 느껴지지 않아서 봤더니 칼이 다행히 신발 위로 떨어진 것이었다. 그는 조심스레 칼을 집어 들었다. 칼은 신발 끝에 박혀 작은 구멍을 냈을 뿐 발은 멀쩡했다. 그는 조금쯤 다행스러워했으나 동시에 또 화가 났다. 큰맘 먹고 시작한 일이 이렇게 맥없이 끝나다니 창피

했다. 그는 씩씩대며 과도를 문 쪽으로 세게 집어 던졌다.

화풀이를 하고 나자 조금 기분이 풀리는 것도 같아서 그는 나무 문에 박힌 칼을 뽑아 들고 하릴없이 집 밖으로 나갔다. 그러다 대나무 장대 하나를 발견하자 갑자기 뭘 해야 할지 알 것 같았다. 그는 장대 한쪽 끝에 칼을 단단히 붙들어 매고는 집 뒤쪽의 연못으로 가서 물고기를 잡았다.

그는 붕어 두 마리를 잡아 주방으로 가져갔다. 어머니는 깜짝 놀란 얼굴로 기특하다는 듯 소년의 머리를 쓰다듬어주었다. 그러고는 뭐라 말할 수 없는 표정으로 웃었다. 칭찬의 말은 해주지 않았지만 그 기뻐하는 얼굴에서 아들을 몹시 자랑스러워한다는 것이 느껴졌다.

소년은 조금 알 것 같았다. 자신의 존재감이 없는 것이 아니라 그저 부모님이 표현에 서툴 뿐이고, 자신은 그걸 제대로 느끼지 못했을 뿐이라는 것을.

점심으로 먹은 맛난 생선탕은 소년이 자신에게 주는 최고의 선물이었다. 소년은 자랑스러워하는 동시에 남몰래 안도했다. 아까는 나를 해치지 않아서 다행이라고. 자기 자신을 상처 주고 얻는 것은 즐거움이 아니라 오직 두려움이었다. 가족들의 슬픔과 자신의 비극만 불러올 뿐이니까.

만일 그가 정말로 다쳤다 해도 가족들은 잠시 동안 슬퍼하겠지만, 또다시 구태의연한 나날로 돌아갈 것이다. 심지어 그가 죽었다해도 하루하루는 마찬가지로 반복될 것이다. 한 가지 끔찍한 사실은, 자신이 정말로 죽으면 이 모든 일을 알 길이 없다는 것이다.

그날 소년은 깨달았다. 스스로를 해치지 않고도 원하던 결과를 얻을 수 있다는 것을.

···.

그날을 떠올리면 나는 뒤늦게 겁이 난다. 만약 그때 소년이 생각을 바꾸지 않았더라면 오늘의 나는 이 모든 것을 볼 수 없었을 테니까. 그리고 힘겨운 일이 닥쳐도 삶에 대한 사랑과 믿음을 저버리지 않는 태도 역시 지니지 못했을 테니까.

그래서 고맙다. 자살에 실패했던 열한 살의 내가.

둔탱 씨

어째서 나는 점점 더 둔해질까

타인의 시선에서 벗어날 수 없기에
내가 사는 방식을 남의 손에 맡긴다.

처음으로 내 머릿속에 나타났을 때, 그는 수염을 덥수룩하게 기른 채 맥주 캔을 손에 들고 있었다. 그는 맞은편에 앉아서 흐릿한 눈으로 나를 바라만 볼 뿐 아무 말도 하지 않았다. 나도 그를 마주 보며 얼굴을 자세히 살폈다. 돌연 가슴 밑바닥에서 미미한 구름 같은 슬픔이 일었다. 나와 놀라울 만큼 똑같이 생겨서였다. 내가 수염을 기른다면 바로 저런 모습일 것이다.

무슨 말이라도 하고 싶었지만 말이 나오지 않았다. 한참 뒤 고개를 숙인 그가 기어들어가는 목소리로 이렇게 말했다.

"갈수록 멍청해지는 것 같아요. 문제를 해결하는 능력이 점점 형편없어지고, 원래 잘했던 일도 머지않아 잘 못하게 될 것 같고."

"좀더 구체적으로 말해줄 수 있겠어요?"

그는 천천히 고개를 들어 나를 보았다.

"정말로 듣고 싶어요? 진짜로 들을 준비가 되었나요?"

나는 진지하게 고개를 끄덕였다. 그는 재차 확인하려는 듯 내 얼굴을 바라보더니 입을 열었다.

"그렇담 좋아요. 한번 자세히 이야기를 나눠보죠."

"네, 말해봐요."

나는 진심으로 그를 독려했다.

"난 둔탱이라고 하는데, 지금 기분이 몹시 좋지 않아요. 온종일 멍한 것 같고 반응하는 속도가 갈수록 둔해져요. 무슨 일을 하든 항상 핵심을 놓치고요. 집중력도 굉장히 쉽게 흩어져서 간단한 일 하나 하는 데에도 많은 시간을 써버리죠. 아주 중요한 일이라 열심히 해보려고 해도 마찬가지예요. 남들이 하는 말의 요점을 못 알아듣기 일쑤고, 한참을 생각해야 상대방의 진짜 속뜻을 이해할 수 있어요. 아무래도 아이큐가 떨어지고 있나 봐요. 저 자체도 갈수록 폐쇄적으로 되어가고 말이죠. 봐요, 직장을 벌써 몇 년이나 다녔는데 아직까지도 '루저' 티가 덕지덕지 묻어 있잖아요. 미궁 같은 인생에 갇혀 갈팡질팡하면서 스스로에게 실망하죠."

"크게 아프거나 다친 적이 있나요?"

입에서 말이 나가는 것과 동시에 아차, 하는 생각이 들었다. 역시나 그가 약간 비꼬듯 대꾸했다.

"그건 나보다 당신이 더 잘 알 텐데요?"

"아, 미안해요. 맞아요. 그런 적은 없죠." 나는 그에게 사과하고 잠시 머뭇거리다 말을 이었다. "이런 상황에 처한 지 얼마나 됐나요?"

"거의 두 달이 다 돼가요. 당신이 알아차리지 못했을 뿐이지."

그가 씁쓸한 미소를 지었다. 나는 다시 한 번 사과한 뒤 그에게 말을 계속하라고 했다.

"내가 원래는 이러지 않았거든요. 어렸을 땐 북적이는 걸 좋아했고 사람들과 사귀는 걸 즐겼어요. 학교에 다닐 때는 머리도 괜찮았고 무슨 일을 해도 재빨랐어요. 남들의 아주 사소한 생각도 한눈에 알아챘죠. 성적이 별로였던 건 내가 놀기를 좋아해서 공부를 안 했기 때문이죠. 마음잡은 후부터는 성적도 금방 올랐으니까. 그땐 세상에 못 할 일이 없다고 생각했죠. 정말이지 하려고 맘만 먹으면 뭐든 할 수 있을 줄 알았어요." 그는 잠시 말을 멈추고 맥주를 한 모금 마셨다. "그런데 지금은 왜 이렇게 됐는지 모르겠어요. 원래 사람은 갈수록 똑똑해져야 하는 거 아닙니까? 난 대체 왜 이렇죠?"

그의 하소연을 듣고 나자 직업병이 도졌다. 신체적으로 심각한 상해를 입은 적이 없는 경우, 그러니까 교통사고로 머리를 다치거나 알코올 과다로 뇌가 손상되지 않은 경우라면 이런 문제는 분명 심리적인 측면에서 원인을 찾아봐야 한다. 나는 그에게 물었다.

"이런 상황을 초래한 이유가 뭐라고 생각하나요?"

그는 좀더 깊이 생각하더니, 이런 이야기를 들려주었다.

똑똑한 그에게 고질적인 문제 하나가 있었으니, 바로 대인관계였다. 어린 시절에는 정말로 똑똑해서, 상대방의 생각을 한눈에 알아차리고는 그걸 들춰내 난감하게 만들기 일쑤였다고 했다. 또 잘난 척이 심해 온 세상이 자신을 중심으로 돌아가기를 바랐고, 그렇지 않으면 성질을 부리고 주위 사람들에게 함부로 굴었다. 눈치가 빨라 도무지 틈이 없는 데다 툭하면 남의 속내를 헤집길 좋아한 까닭에 그를 싫어하는 사람이 많아졌다. 친구들도 하나둘 떠나갔다.

나이가 들어가면서 우정에 대한 갈망이 점점 커졌고 그는 조금씩 멍청한 척하는 법을 배웠다. 반응이 느리고 둔감한 사람일수록 쉽게 사랑받는다는 사실을 알게 되자 최대한 느리게 반응하려 애썼던 것이다. 그는 또 딱한 처지의 사람들이 동정과 지지를 받는다는 사실도 깨달았다. 남들의 환심을 사기 위해 약자인 체하며 스스로를 꾸밀 줄도 알게 되었다. 그러나 사실 그는 약자를 경멸하는 쪽이었다.

고등학생 때, 그는 자신이 여자에게 인기가 없다는 사실을 서서히 깨달았다. 여자아이들이 좋아하는 남자는 마음이 너그럽고 감정에 둔한 데다 약지 못하고, 심지어는 좀 어리숙한 타입이었다. 그는 그런 남자가 되려고 애를 썼다.

대학 시절, 사람들에게 사랑받고 싶었던 그는 계속해서 '피해자'가 되려고 했다. 상대가 자신에게 상처를 주었다고 여기게끔 했다. 이전의 그는 남들에게 상처만 주는 사람이었고, 그렇게 각박하게 굴어서 자신이 인기가 없었던 거라고 생각한 것이다. 그는 너그러운 사람이 되기로 마음먹었다. 그가 생각하는 너그러운 사람이란 곧 피해를 보는 사람이었다. 피해자가 되면 모든 사람이 자신을 보살펴주리라 믿었다. 그렇게 그는 타고난 본성을 억눌렀다. 신랄하고 예리하고 승부욕이 강한 성격을 억지로 다그쳐 부드럽게 바꾸었다.

그러나 내면의 본성은 사라지지 않아서, 그는 오랫동안 자가당착과 혼란 속에 빠져 있었다. 한마디로 남들에게 상처만 주던 그가 이제는 어떻게든 상처를 받으려 하고 있었다. 그러한 감정을 확대하고 드러내 온 세상에 보여주려 애썼다. '난 피해자야. 다들 내게 관심을 보여줘. 날 보호해주고 내 편이 되어줘.'

그러나 사실, 이러한 방식은 그 자신의 투지와 발전 의지를 꺼뜨릴 뿐이었다. 그 결과, 성장하는 동안 자기 자신과 세상의 관계를 제대로 정립하지 못했다. 그는 잘못 알고 있었다. 강자가 되면 사람들로부터 사랑받을 수 없고, 약자가 되어야만 아낌받고 우정도 얻을 수 있다고. 그래서 줄곧 자신의 본성을 억눌렀다. 좋아하지도 않고 별로 공감하지도 않는, 혹은 전혀 공감할 수 없는 일들을 하면서 남들의 환심을 사려 했다. 그에게 타인의 인정은 하늘보다 높은 것이었고, 그렇게 남들에게 보이기 위한 인생으로 자신을 밀어 넣었다.

그의 내면에서는 두 개의 세력이 단단히 대립했다. "나는 강자야. 난 승리를 원해" 하는 마음과 "나는 약자야. 강자는 나빠. 약자가 되어야 사랑받을 수 있어"라는 마음이었다. '강자가 되고 싶다'는 잠재적 심리는 그의 타고난 성격이라 없앨 수 없었지만, 그는 의식적으로 자신을 약자로 만들었다. 두 개의 세력은 수시로 그의 힘을 앗아갔다. 그는 마치 두 필의 말이 끄는 마차 같았다. 그 말들이 각각 정반대 방향으로 내달리는 통에 어느 쪽으로도 가지 못하고 우뚝 멈춰버린 상황이었다. 당연히 차분하게 일할 수 없었고 집중력도 흩어졌다. 이런 상황이 장기화되면서 정신은 흐리멍덩해지고 갈팡질팡하게 되었다. 아이큐가 떨어지는 것 같다던 그의 말은 바로 이런 상태를 가리키는 것이었다.

"당신은 그 원인을 알고 있네요."

이야기를 다 듣고 나서 나는 그를 향해 미소했다.

"그렇죠." 그는 맥주병을 바닥에 내려놓으며 쓰게 웃었다. "우리가 좀더 일찍 이야기를 나눴더라면 진즉 알았을 텐데 말이죠."

"그거 한 모금 마셔도 돼요?"

나는 갑자기 술 생각이 났다. 가슴 밑바닥에 잔뜩 끼어 있던 먹구름이 완전히 사라지진 않았지만, 어쨌거나 조금은 가벼워졌으니 어떤 식으로든 축하를 하고 싶었다. 그가 맥주 캔을 넘겨주었다. 고개를 젖혀 한 모금을 넘기는데 그가 물었다.

"나한테 뭐 해줄 말은 없어요?"

나는 입에 머금었던 맥주를 삼키고 잠깐 생각해보았다.

"타인이 당신을 좋아하는 것과 당신이 강자냐 약자냐는 아무런 관계도 없어요. 약자 행세를 해봤자 돌아오는 건 불쌍하다는 동정심이지 우정 같은 게 절대 아니죠. 늘 그렇게 남들 비위만 맞추려 하고 타협에 익숙해지면 결국 당신 스스로를 갉아먹는 꼴밖에는 되지 않아요. 타인의 부속품이 되는 거죠."

"또 다른 건요?"

"살아가면서 적절한 타협은 좋은 일이지만, 당신의 본성에서 벗어날 정도로 지나치게 타협하면 안 돼요. 본성은 당신의 마지노선을 결정하기도 합니다. 나는 대체 어떤 사람인지, 왜 기쁜지, 왜 슬픈지, 왜 화가 나는지, 왜 부끄러운지 이런 것들을 확실하게 알도록 하세요. 자기 자신의 감정을 존중할 줄 알아야 남들의 감정도 존중할 수 있게 되고, 그래야 원만한 대인관계를 형성할 수 있으니까요."

"그러니까 나는 남들의 시선을 지나치게 의식했고, 그래서 내가 사는 방식을 남들이 결정하도록 한 거군요. 난 내 인생을 걸어가다 어느 순간부터 길을 잃었던 거예요. 복잡한 길 위에서 갈팡질팡하고, 막다른 길에 가로막혀 이러지도 저러지도 못하고, 미래도 전혀 내다볼 수 없고. 맞나요?"

"네, 맞아요. 맞는 말이에요. 한마디로, 이 세상 어떤 것도 진정한 당신을 내팽개칠 만큼 중요하지 않답니다."

그러자 그는 진심으로 웃었다. 두 눈에서 온기가 흘러나오고 있었다.

남은 맥주를 끝까지 나눠 마신 후, 그는 일어서서 엉덩이를 툭툭 털고는 내게 손을 흔들었다. 그를 배웅하고 집으로 돌아온 나는 나 자신을 향해 힘주어 말했다.

"이제 두 번 다시 이 세상에 아부하지 않겠어."

조급 씨

조금만 더 파면 금덩이가 나오는데

나는 나를 조급이라고 부른다.
내게 가장 부족한 것이 바로 인내심이니까.
한 번만 더 파면 금덩이를 캘 수 있지만,
나는 바로 그 단계에서 포기해버리는 사람이다.

내 손님들은 예고도 없이 불쑥 찾아오기 일쑤다. 거실에 홀로 앉아 차를 마실 때나 카페에서 누군가를 만나 일에 관련된 이야기를 할 때, 서재에서 책을 볼 때, 극장에서 영화를 볼 때, 붐비는 지하철에 올라탔을 때, 심지어는 화장실에 앉아 있을 때도. 보통 나타나면 안 될 것 같은 상황인데도 자연스럽게 출현한다. 그러면 나는 어쩔 수 없이 하던 일을 멈추고 일일이 이야기를 나눌 수밖에 없다. 그들의 친구 혹은 상담자 노릇을 하는 것이다.

이번에 만날 상대는 조급 씨, 장소는 내 서재다.

자신은 스스로 성격이 매우 급하다고 했지만, 사실 내가 만났던 인격들 중에 의외로 참을성이 좋은 편인 듯하다. 하얀 종이 위에 또박또박 써내려간, 길고 긴 편지를 내게 보내온 걸 보면 말이다. 질 좋은 편지지를 사고 멋진 색깔의 잉크까지 산 다음, 탁자 위에 엎드려 초등학생처럼 한 자 한 자 정성 들여 썼을 모습이 떠올랐다. 그 것도 무려 여섯 장이나. 그는 내게 편지를 보낸 다음에는 조용히 답장을 기다리기까지 했다. 이메일이며 SNS, 전화 같은 실시간 소통 도구가 흔한 요즘 같은 시대에 그 정도면 인내심이 대단한 것 아닐까.

그것보다 더 놀라웠던 건 장장 여섯 장에 걸친 편지 속 수많은 문장이 단 하나의 의미를 가리킨다는 점이었다. 그것을 간략하게 표현하자면 대충 이렇다.

'솔직 씨, 난 매사에 조급해요. 인내심이 심각하게 부족한 것 같은데 어쩌죠? 나도 나름대로 고칠려고 시도해보았지만 딱히 효과가 있는 것 같지 않네요.'

장문의 편지를 앞에 두고, 나는 어깨에 거대한 '부담'이 마치 보따리처럼 얹혀 있는 것 같은 기분을 느꼈다. 일단은 정중하게 편지까지 보내온 상대에게 나도 비슷한 답장을 써야 할 것 같았고, 분량도 부담스러웠다. 여섯 장까지는 채우지 못하더라도 최소한 석 장은 넘어야 하지 않을까. 나는 찬찬히 고민했다. 그가 던진 하나의 문제에 석 장 이상의 편지로 답해줄 방법에 대해.

고민 끝에 나는 이렇게 썼다.

조급 씨에게.

안녕하세요!

먼저 장문의 편지에 감사드립니다. 긴 편지를 써 보낸 걸 보니 당신은 자신이 생각하는 것처럼 참을성이 없진 않은 것 같은데요. 그러니 당신이 원하는 인내심을 꼭 가질 수 있을 거라 믿습니다.

편지에서 언급한 문제에 대해서는, 다음과 같이 말씀드리고 싶네요.

보통 '인내심'은 '기다림'과 붙어 다니죠. 인내심이 있다는 것은 기다릴 수 있다는 뜻이고, 인내심은 기다림을 견뎌낼 수 있는 마음을 의미합니다. 어떤 일을 해내고 싶다면 규칙에 따라야 하죠. 규칙에 따르기 위해서는 먼저 그것이 어떤 것인지 알아내야 하며, 그걸 발견하기 위해서는 오랫동안 꾸준히 노력을 기울여야 하겠죠. 이 과정을 거치려면 기다릴 줄 알아야 합니다.

그러니까 인내심이 부족한 사람은, 자신이 직면한 일들을 충분히 기다리지 못하는 사람이에요. 이때 기다리지 못하는 원인은 크게 몇 가지로 나눌 수 있죠.

첫째, 인생이 너무 짧다고 느껴져서. 이런 유형은 삶에 주어진 시간이 금세 바닥나버릴 거라고 생각합니다. 자신이 목표로 삼은 일을 빨리 완성하고 싶어 하지만, 좌절을 겪으면 쉽게 동요해요. '이런 사소한 일에 그토록 많은 시간을 들이다니. 다른 중요한 일들이 태산 같은데 어쩌지? 그냥 포기하고 빨리 다음 일을 하자. 이것만 붙잡고 있을 수는 없어' 라고 생각하기 때문입니다.

이런 유형의 사람은 죽음이라는 것에 대해 좀더 올바른 관점을 가질 필요가 있어요. 어떻게 보면 인생이란 곧 죽음을 준비해가는 과정이잖아요. 변하지 않는 자연의 섭리죠. 어차피 바꿀 수 없는 일이라면 지레 걱정할 필요가 있을까요? 우리가 결정할 수 있는 부분은 죽을 때까지 인생을 좀더 행복하게 살 수 있도록 하는 것뿐이에요. 물론 죽음에 대해 심각하게 조바심을 내는 사람이라면 생각을 바꾸기가 쉽지는 않을 겁니다. 그래도 매일 자신에게 이런 사고를 불어넣는다면 시간이 흐르면서 반드시 나아질 거예요.

둘째, 목적의식이 지나치게 명확해서. 이런 사람은 머리가 좋고 목적의식이 강해서 목표한 것 이외의 것에 시간을 낭비하지 않아요. 목표와 관련이 없으면 죄다 '사소한 일'이라고 생각하기 때문에 쉽게 포기해버리죠. 이를테면 보통 사람들이 좋아하는 각종 여가활동도 그들에겐 사소한 일일 뿐이에요. 꿈을 위해 전진해도 모자랄 시간에 여가는 무슨 여가냐 이거죠. 이런 유형은 다른 사람들 눈에 참을성도 없고 인생을 모르는 것처럼 비치지요. 그러나 사실 자신의 꿈과 목표에 대해서만큼은 대단한 인내심을 지니고 있답니다.

이런 유형이라면 남들의 생각 때문에 고민할 필요가 없어요. 인생에서 가장 중요한 것은 자신이 무엇을 하고 싶은지를 알아내는 것이고, 그것만 해내도 이미 행복한 삶을 사는 셈이니까요. 모든 일에서 지나치게 완벽해지려고 노력할 필요는 없습니다.

셋째, 무조건 성공하고 싶어서. 이런 유형은 자신이 정말로 원하는 일이 무엇인지 찾지 못한 경우가 많습니다. 그러나 성공에 대한 욕구는 매우 강해서, 밤낮 빨리 성공할 생각만 하죠. 어느 분야에서 어떻게 성공할 것인지는 잘 모르면서 말이에요. 그래서 무엇을 하든 성과만을 거두려 하고, 일이 뜻대로 풀리지 않으면 나한테는 맞지 않는가 보다 생각해버립니다. 내가 성공할 수 있는 일은 다른 곳에 있을 거라면서 얼른 방향을 바꾸는 거죠.

그러니 이런 유형은 일단 잠시 멈춰야 해요. 긴 휴식을 갖거나 하면서 마음을 완전히 가라앉힌 다음, 스스로에게 깊이 있는 질문을 던지는 겁니다. 마음의 소리에 귀를 기울여 자신이 가장 하고 싶고 가장 잘하는 일이 무엇인지를 찾는 것이 가장 첫 번째 할 일이에요.

위의 세 유형은 그저 대략 분류한 것입니다. 사실 우리가 어떤 일을 하면서 충분히 기다리지 못하는 이유는 그것이 그만큼 매력적인 일이 아니기 때문이에요. 흥미가 없으니 중요하게 생각되지 않고, 중요하지 않으니 인내심도 생기지 않는 거죠.

인내심 있는 사람이란 일을 할 때 술술 해내지 못하더라도 차분히 집중할 수 있고, 서두르지 않으면서 오랫동안 세심하게 해낼 수 있는 사람입니다. 이들이 기다릴 수 있는 것은 먼저 자신감이 있기 때문이에요. 자기 스스로 이미 최선을 다하고 있다고 생각하고, 적어도 해야 할 일은 모두 끝냈거든요. 전체적인 그림을 파악하고 있으니 차분히 기다릴 수 있는 겁니다. 자신의 몫을 다하고 나서 하늘의 뜻을 기다리는 거죠.

또 매사에 인내심을 발휘할 줄 아는 사람은 수용력이 뛰어난 사람이에요. 바꿔 말하면 그릇이 크다고 할 수 있겠네요. 자신의 인생에 등장하는 사람이나 사건들은 다 그럴 만한 이유가 있다고 생각하면서 모두 받아들이고, 그것들 속에서 좋아할 만한 구석을 찾는 거죠. 이런 사람들은 세상사에 대한 통찰력이 있기 때문에 원망하거나 저항하는 일이 드뭅니다.

삶에서 겪는 사건을 받아들이는 법을 배우고, 그 속에서 멋진 무언가를 찾을 줄 아는 것. 이것이 바로 인내심이 부족한 사람들의 과제예요.

조급 씨로부터 답장이 도착한 것은 대략 반년쯤 후였다. 그때 나는 이미 그 일을 까맣게 잊고 있었다. 이번 편지는 한 장이었고, 짤막한 한마디만 적혀 있었다.

솔직 씨, 고마워요.

간결한 답장을 읽고 나는 웃음을 참지 못했다. 조급 씨는 자신의 문제를 이미 극복한 모양이었다. 저렇게 간결하고도 힘 있는 편지는 마음이 안정되어 있을 때만 쓸 수 있으니까. 나는 조금 감격스러워져, 그 편지를 잘 접어 서랍에 보관해두었다.

그런데 얼마 안 가 조급 씨로부터 이런 내용의 SNS 메시지가 도착했다.

미안해요, 솔직 씨. 실수로 편지를 잘못 보냈네요. 원래는 편지를 다시 써 보내려고 했지만 SNS가 더 편할 것 같아 이렇게 메시지를 남깁니다. 보내신 답장을 꼼꼼히 읽어보았어요. 편지에 적힌 내용과 방법들 대부분은 저도 알고 있던 것들입니다. 아무래도 알면서 행하지 않은 것이 저의 문제인 것 같군요. 어쨌든 고마워요.

메시지를 읽은 후 나는 그저 웃는 얼굴의 이모티콘만 보냈다. 누군가를 돕기 위해 쏟은 정성이 실은 별 값어치가 없었다는 사실을 깨닫는다면 누구라도 허탈하지 않겠는가.

에이, 그만두고 그냥 책이나 읽으러 가자. 나는 알면서도 행하지 않는 사람이 되고 싶지는 않으니까.

아부 씨

더는 이 세상에 아부하고 싶지 않아

나도 모르는 사이 네게 아부하고 비위를 맞추고 무언가를 증명하려 든다.
나는 네게 끌려다니게 됐고, 너는 나를 새장에 가두었다.

둔탱 씨가 가버린 후에도 나는 그와 함께 나눈 대화를 잊지 못했다. 혹여 또 이 세상에 아부하고 있지는 않은지, 거의 날마다 한 번씩은 스스로를 돌이켜보았다.

그로부터 일 년이 지난 어느 오후, 눈을 감은 채 정신을 가다듬고 있을 때였다. 마음속에서 갑자기 문을 두드리는 소리가 들렸다. 차분하고도 힘이 있는, 마음이 편안해진다고까지 할 만한 소리였다. 문을 열어보니 스무 살쯤 되어 보이는 청년이 눈에 들어왔다. 흰색 야구 모자를 쓴 그는 흰색 티셔츠에 낡은 청바지를 입고 흰색 운동화를 신고 있었다. 상큼하면서도 자유분방한 준수한 모습이었다.

"헤이, 솔직 씨. 오랜만이에요."

내가 뭐라 말하기도 전에 나를 밀며 안으로 들어온 그는 곧장 거실로 향했다. 그가 야구 모자를 벗어 휙 던지자 놀랍게도 정확히 옷걸이에 가 걸렸다. 모든 동작이 물 흐르듯 능숙한 것이 꽤나 멋스러웠다. 멋있는 건 확실했지만 어딘가 거슬려서 나는 조금은 따지듯이 말했다.

"저기요, 우린 서로 모르는 사이 같은데요?"

"앗, 정말 날 몰라요?"

고개를 돌린 그가 미소를 지으며 나를 바라보았다. 자세히 봐도 통 기억이 나지 않았다. 그는 하얀 이를 드러내며 소리 내어 웃었다.

"기억력 되게 나쁜가 봐요. 모습을 좀 바꿨을 뿐인데 못 알아보는 거예요? 우리 얼마 전까지만 해도 날마다 보던 단짝이었는데."

"이상하군요." 나는 의아한 얼굴로 말했다. "내가 날마다 만나는 사람은 나 자신 말고는 없는데요."

"맞아요. 내가 바로 당신이에요. 오랜 시간이 지나면 우린 외모도 공유하게 되죠. 작년에는 둔탱이였지만 지금은 아부예요." 그는 의자에 앉더니 주전자를 잡아당겨 잔에 물을 따랐다. 그러고는 다리를 꼬고 앉아 한 모금 마셨다. "일 년 전 당신은 날 버렸지만 난 이렇게 다시 살아났어요."

나는 잠시 멍해진 채 그의 말을 이해하려 애썼다.

"그게 무슨 말이에요?"

그가 나를 향해 고개를 돌리며 물었다.

"당신이 남들의 비위를 맞추지 않겠다고 마음먹은 게 얼마나 됐나요?"

"음, 거의 일 년 전 이맘때쯤이었을 거예요. 두 번 다시 이 세상에 아부하지 않기로 했죠. 내가 당신을 버렸다는 말이 그걸 뜻하는 건가요?"

"맞아요. 그거예요. 당신이 그렇게 생각하기 시작하면서부터 난 당신의 시야에서 물러나 보이지 않는 곳에 갇혀 있어야 했죠."

그는 갇혀 지냈다 해서 특별히 원망하는 것 같지는 않았다.

"아, 미안해요. 하지만 그때 우린 같은 생각 아니었나요? 진정한 나를 완전히 버릴 만큼 가치 있는 것은 세상에 없다고, 더는 이 세상에 아부하지 않겠다고 마음먹은 거 아니었어요? 그런데 당신은 왜 아부 씨로 다시 태어난 거죠?"

나는 영문을 알 수 없었다.

"맞아요. 그때 우린 분명 그렇게 생각했죠. 그런데 시간이 지나고 나니, 나는 아부라는 걸 진정으로 이해하지 못했더라고요. 그러니까 내 말은, 당신의 소위 아부하지 않겠다는 결심은 아부하는 심리를 억누르겠다는 것일 뿐 당신이 그런 마음 자체를 없앤 건 아니라는 거예요. 그러니 당신의 그 심리를 담당하는 내가 자연스레 아부가 된 거죠. 이제 난 세상 전체에 아부할 뿐만 아니라 당신에게도 아부한답니다."

그렇게 말하는 아부 씨는 약간 슬퍼 보였다.

"미안해요." 나는 잠시 침묵했다가 다시 물었다. "그럼 이번에는 어떻게 빠져나가죠?"

"엄밀히 말해 당신이 빠져나가는 게 아니라 내가 당신을 놓아주는 거죠. 내 이름이 아부잖아요. 내가 제일 잘하는 일이 바로 문제를 정확히 진단한 다음 당신이 좋아할 만한 패를 내주는 거예요. 세상에 아부하는 꼴을 당신이 싫어한다면 물론 난 모습을 또 바꿀 수 있어요. 당신이 좋아하는 모습이 되어 다시 나타나는 거죠. 다시 말해 당신은, 절대 나한테서 벗어날 수 없다는 거예요. 좋아하는 것이 있는 한 나를 완전히 억누를 수 없어요. 난 당신이 좋아하는 모습으로 형태를 바꿔가며 계속해서 함께할 테니까."

그는 빙그레 웃으며 나를 바라보았다. 좀전의 슬픈 기색은 온데간데없고, 약간 득의양양해 보였다.

"그러니까 지금의 당신은, 내가 좋아하는 모습을 담당하고 있다는 건가요? 나의 기호에 따라 생겨나고, 좋아하는 것이 바뀌면 언제든 자신의 모습을 바꿀 수 있고."

"완벽히 이해했군요."

"그런데 왜 그러는 거죠?" 내가 묻자 그는 어안이 벙벙한 얼굴로 아무 말도 하지 않았다. 나는 재차 물었다. "그런 행동에서 무엇을 얻는다고 생각해요?"

"일단 아부라는 게 뭔지, 그걸 어떻게 생각하고 있는지 구체적으로 말해줄 수 있어요?"

그는 대답 대신 다른 질문을 했다.

"물론이죠." 나는 잠시 생각해보았다. "하지만 아마도 좋은 말은 안 나올 텐데요."

"괜찮아요. 솔직함은 훌륭한 덕목이니까."

그가 쿨하게 말했다.

"좋아요." 나는 말을 시작했다. "난 외부세계에 아부하는 것이 내면의 욕망을 채우기 위한 거라고 봐요. 당신은 머리를 짜내고, 심지어는 수단과 방법을 가리지 않으면서 끊임없이 자신을 억압하고, 왜곡하고, 정형화하죠. 심지어 자신의 생각과 외모, 행동까지 바꿔가며 남들의 마음에 들려고 애를 쓰지만, 그건 자신이 원하는 것을 외부에서 얻기 위한 행위일 뿐이에요. 좀더 신랄하게 말하자면, 남들의 환심을 사서 가짜로 믿음을 얻고 자신의 바람을 만족시키는 행위라는 거죠. 이게 사기 치는 것과 다를 게 있을까요? 더 나쁜 건 타인만 속이는 게 아니라 당신 자신까지 속여야 한다는 겁니다. 사기나 기만은 양방향으로 작용하는 거니까. 오랫동안 말과 행동이 어긋나면 필연적으로 한 겹 두 겹 가면을 쓰게 돼요. 시간이 지날수록 점점 자신의 진짜 모습을 잊게 되죠. 본래의 자신에게서 멀어지면 활기와 창조력도 줄어들 수밖에 없고, 인생에 대해 알 수 없는 절망을 느끼게 됩니다. 슬프고 무력하고 재미도 없어져요. 이런 삶이 꼭두각시와 뭐가 다를까요?"

"예를 하나 들어줘요."

그가 담담하게 말했다.

"가장 흔한 예로, 만약 아부해서 사랑을 받게 되었다고 합시다. 이 사랑은 순수하지 않을 가능성이 크죠. 상대방이 당신을 사랑한다고 쳐도, 그 사람은 자신을 기쁘게 하는 당신을 사랑할 뿐이에요. 당신이 태도만 바꾸면 연기처럼 순식간에 흩어져버릴 사랑이죠. 물론 다행스럽게도 인내심이 남달라 자신의 진짜 모습을 감춘 채 평생 아부할 수 있다면 그 사랑은 오래 유지되겠죠. 그러나 과연 그런 사랑이 당신에게 진정한 행복을 가져다줄까요? 또 매끄러운 대인관계를 위해 원래 성격을 숨기고 매번 다른 사람의 비위를 맞춘다고 생각해봐요. 소위 말하는 사교성이 좋은 사람이 되기 위해서 말이에요. 남들은 겉으로는 당신을 좋은 사람이라고 칭찬하겠죠. 하지만 속으로는 그저 친절한 싸구려라고 생각할 게 뻔해요."

"친절한 싸구려라고요? 어째서요?"

그가 눈이 동그래져서 물었다.

"간단해요. 다정한 척 껍데기를 뒤집어쓰고 환심을 사려고 하는데, 이 껍데기가 진정한 소통을 가로막거든요. 상대방에게 가식적이라는 느낌을 주죠. 하루 이틀은 괜찮겠지만 시간이 흘러도 당신의 진심을 느낄 수가 없으니 당연히 진정한 친구가 될 수 없죠. 친구가 아니라면 남이거나 적인데, 당신은 둘도 없는 친구인 양 친절하게 구니 당연히 싸구려라 생각하지 않겠어요?"

말을 하다 보니 약간 분통이 터졌다.

"그러고 보니 당신은 아부에 대해 굉장히 나쁜 인상을 가지고 있군요."

그가 시무룩하게 대꾸했다.

"그래요. 난 그런 사람은 불쌍하다고 생각해요. 그런 행동은 구걸하는 행위와 같고, 웃음을 파는 것과 다를 게 없죠. 자신의 진심과 완전한 자아를 내다 판 대가로 얻는 것은 소위 원만한 관계, 돈, 명예 따위에 지나지 않아요. 그러니 인상이 좋을 리 없잖아요?"

"너무 과격한걸." 그는 차갑게 눈을 흘겼다. "그렇담 코미디언들은 모조리 불쌍한 싸구려란 말이에요?"

"오해 말아요." 나는 말을 이었다. "희극은 예술이에요. 관객을 즐겁게 하는 예술과 내가 말한 아부는 엄연히 다르죠. 물론 일부 부도덕한 희극배우는 관객의 입맛에 아부하려고 수단을 가리지 않는 경우도 있긴 해요. 하지만 관객을 즐겁게 하려는 마음이 진심에서 우러나오고, 그를 통해 배우 자신도 기쁨을 느낀다면 그건 구걸이 아니죠. 행복한 재능이지. 그러나 그런 행위에서 진정한 기쁨을 느끼지 못한다면 어떨까요? 속으로는 싫어 죽겠는데 겉으로만 관객을 웃기려 한다면? 자기 자신을 즐겁게 할 수 없을뿐더러 결국 스스로를 우롱하는 게 되겠죠. 희극배우들이 우울증으로 자살하는 사건은 그래서 생기는 거예요."

"뭐, 좋아요. 당신 말이 옳을 수도 있겠죠. 그런데 난 좀 다르게 생각하는데요."

그가 말했다.

"다르게요? 어떻게?"

"나는 사람이 살아가면서 현실적인 환경을 무시할 수 없다고 생각해요. 자신의 진실함만 강조하면서 살 수는 없다는 거죠. 삶은 당신을 끝도 없이 실망시키고 점점 재미도 없어지잖아요. 그렇다고 자신 안에 갇힌 채 현실을 외면해선 안 돼요. 현실도 존재하는 이유가 있으니까 말이죠. 당신 내면과 현실 세계 사이의 간극을 보여주어 당신의 삶이 어떤 상황에 처해 있는지 정확하게 볼 수 있게 해주잖아요."

"예를 들어봐요."

나는 그의 말투를 따라 했다.

"방금 당신이 말했던 희극배우를 예로 들어보죠. 관객에게 아부하는 게 일종의 생존 수단이라는 걸 부정할 수는 없잖아요, 그렇죠? 내 생각에 희극배우는 관객을 즐겁게 하는 재능을 타고났고, 그 재능으로 먹고살 수 있는 사람들이에요. 설령 진심으로 즐기지 않더라도 그들이 꼭 자신을 우롱한다고는 볼 수 없죠. 어쩌면 그들은 반드시 좋아하는 일을 직업으로 삼을 수는 없다는 현실을 일찌감치 깨달았을 수도 있어요. 좋아하는 일과 돈벌이 수단은 별개의 일이고, 원래 따로 있어야 하는 거라고 말이죠. 그래서 일하며 살아가는 것이 쉽지 않다는 것도 느꼈을 테고, 그렇게 더 위대한 희극배우가 될 수도 있죠."

"더 위대한 희극배우가 된다고요?"

"맞아요. 나는 세상에서 가장 감동적인 희극은 바로 삶의 고단함 속에서 나오는 거라고 생각해왔거든요. 말로 표현할 수 없는 고통을 모른다면 진정으로 사람들을 웃기기는 매우 힘들죠. 좋아하는 일을 직업으로 삼아 행복하게 일하는 사람이라면 웃음 속의 눈물이 어떤 느낌인지 알기 어렵잖아요."

나는 침묵했다. 내가 대꾸할 기미가 없어 보이자 그가 말을 이었다.

"지금 당신이 말한, 다른 사람에게 아부하는 것이 '친절한 싸구려'처럼 비친다는 말에 완전히 동의할 수는 없어요. 이건 아부의 '차원'에 관한 문제 같아요. 당신이 말한 건 값싼 수준의 아부에 국한되어 있을 뿐이죠. 그런 아부는 명확한 목적성을 띠고 있기 때문에 열패감을 안겨주는 것도 당연해요. 그러나 고상한 아부는 좀더 높은 차원으로 상대방의 마음을 움직이고 감동시켜 당신을 인정하거나 심지어 떠받들게 하고, 나아가 당신의 말을 기꺼이 듣도록 만들어요. 이건 테크닉의 문제거든요."

그는 상당히 득의양양한 모습이었다.

"음, 역시 아부 씨의 테크닉은 남다르군요." 나는 냉랭하게 말했다. "미안하지만 난 당신이 말하는 소위 고차원의 아부라는 것에 여전히 동의할 수가 없네요. 그건 본질적으로 같아요. 둘 다 자신의 욕망을 위해 수단을 가리지 않는 거고, 진실하지 않게 남과 자신을 속이는 거니까. 사기라는 문제에 대한 답은 되지 않아요."

그가 발끈해서 말했다.

"하지만 어떻게 아부의 순기능을 완전히 부정할 수 있죠? 당신이 말했듯, 우리가 남을 기쁘게 하는 것은 그 사람에게 원하는 것이 있기 때문이에요. 우리에게는 왜 원하는 것이 있을까요? 우리에게 진짜로 필요하니까 그런 거잖아요. 설령 그게 단 한 번의 존중, 단 한 차례의 인정이라고 할지라도 말이에요. 사람에게 어떻게 욕망이 없을 수 있죠? 욕망이 있는데 어떻게 외면할 수 있죠? 욕망을 실현하려는 과정에서 어떻게 기교가 없을 수 있어요?"

나도 물러서지 않고 맞받아쳤다.

"그건 맞는 말이에요. 난 단 한 번도 나 자신의 욕망을 부인하지 않았어요. 내면과 현실 세계의 차이에서 오는 느낌도 부정하지 않았고요. 당연히 욕망을 만족시키려는 동기도 있고 그에 따라 행동하기도 하죠. 하지만 난 내 욕망을 판단하고 억제할 줄 알거든요. 최소한 내 욕심 때문에 나 자신과 다른 사람을 다치게 하지는 않아요. 당신이 말한 테크닉이라는 것이 바로 그거죠. 예컨대 당신이 말한 고차원의 아부로 타인을 정복하고, 그들이 당신을 따르게 한다면 그 사람들에게는 어떤 좋은 점이 돌아가나요? 어떻게 당신의 동기가 옳다고 확신할 수 있나요? 만약 타인을 잘못된 길에 빠뜨리면 어쩌죠? 당신이 또 다른 히틀러가 되지 않을 거라고 어떻게 확신하죠?"

그는 곧장 반박하지 않고 잠시 입을 다물고 있더니, 곧 나를 향해 가만히 웃었다.

"흥분하지 말아요." 그가 말했다. "우린 서로의 의견이 갈라지는 지점을 찾은 것 같네요. 나는 나의 존재가 당신의 존엄을 상실케 했기 때문에 당신이 날 버린 줄 알았어요. 또 나의 존재는 당신 내면의 욕망에서 나오기 때문에 날 버리고 욕망도 뿌리 뽑을 거라고 생각했죠. 그런데 그 후에도 보니 당신 마음속의 수많은 욕망은 여전했고, 당신이 그것들을 없애버리지 않았기 때문에 나도 다시 살아난 거예요. 그런데 지금 보니 내가 틀렸던 것 같네요. 우리 둘이 다르게 생각하는 건, 그저 현실과 욕망 사이의 균형을 맞추는 방식에 불과해요. 그렇죠?"

나는 동의할 수 없었다.

"크게 보면 그렇죠. 사실 내가 두 번 다시 이 세상에 아부하지 않겠다고 결심한 가장 큰 이유는, 타인에게 아부하는 것이 남과 나를 동시에 해치는 일이란 걸 깨달았기 때문이에요. 상대방에게는 교묘한 속임수고, 나 자신에게는 존엄성의 상실이자 진정한 자신에게서 멀어지는 행위니까. 난 아부보다 존중을 택하고 싶어요. 그 사람을 싫어할 수는 있어도, 그의 존재 자체는 존중하거든요. 어떤 사건에 찬성하지는 않아도, 그 사건이 이미 발생했다는 사실은 존중하죠. 존중은 기정사실을 받아들인다는 의미이기도 해요. 일단 받아들여야 냉정하게 대면할 수 있죠. 안 그런가요?"

"좋아요. 드디어 존중이라는 단어까지 나왔군요." 그가 말했다. "그렇담 질문 하나 할게요. 당신은 나의 존재를 존중하나요?"

순간 나는 할 말을 잃었다. 멍한 얼굴로 그를 쳐다보자 그가 말을 이었다.

"처음에 당신은 아주 거칠게 나의 존재를 부인했는데, 그건 원칙에 어긋나는 것 아닌가요? 당신이 그렇게 싫어하는 아부 씨가 어째서 당신 마음에 나타났는지 자세히 생각해본 적 있어요?" 나는 계속해서 멍한 상태였고, 그는 계속해서 캐물었다. "내가 당신에게 해줄 긍정적인 역할에 대해 생각해본 적 있어요?"

"생각해본 적 없는데요. 아부가 긍정적일 수도 있나요?"

나는 솔직하게 말했다.

"본질적으로 당신은 애정이 결핍된 사람이고, 또 예민한 사람이라는 걸 알 거예요. 당신은 애정이 부족해서 외롭고 예민하기 때문에 인간 본성에 수없이 실망하죠. 말로는 진정한 자신으로 살고 싶다고 하지만 실제로는 도덕에 얽매이고, 규율에 구속받고, 남들의 비판과 칭찬에 연연하죠. 이 모두가 타인의 시선에서 빠져나오지 못하기 때문이에요. 진정한 자신으로 살 수 없기 때문에 번번이 자신의 모습을 드러내려고 하는 거죠. 당신은 그래서 자꾸 모순에 빠지고, 절망하고, 고독하고, 상처받는 거예요. 당신은 점차 이 세상에 대한 경계심으로 가득 차서, 한 겹 두 겹 장벽을 쌓아요. 그렇게 의심이 많아지고 오만해지는데, 그걸 독립심이라고 착각하죠."

거기까지 말한 그는 잠시 말을 멈추고 빈 컵에 다시 물을 채웠다. 나는 아무 말도 하지 않았다. 가슴속에 알 수 없는 감정이 생겨났다. 의심도 동의도 아닌 그것은 그저 묵직하게 존재했다. 그가 말을 이었다.

"절망에 가까운 고독을 품고 있기 때문에, 당신은 당신을 진정으로 이해해줄 사람을 기다렸어요. 모든 감정과 생각을 알아주는 사람이 있기를 바라왔죠. 아무런 조건 없이 당신을 지지해줄 사람, 당신의 마음에 먹구름이 끼든 해가 떠오르든 당신이 악마든 천사든 상관없이 곁에 있어줄 사람. 그래서 당신 마음속에 내가 나타난 거예요. 내가 바로 무조건 당신을 지지해줄 그 사람이거든요. 나는 수시로 변하고 당신 내면의 모든 감정과 생각에 영합하죠. 내가 원하는 것이 곧 당신이 원하는 거예요. 나는 당신과 함께 절망과 고독의 벽을 넘고, 계속해서 세상을 살아갈 수 있도록 돕는 존재니까."

그는 손에 든 물잔을 만지작거리며 나를 향해 눈을 한 번 흘기고는 말을 계속했다.

"안타깝게도 당신은 내면에 깊이 자리한 열등감 때문에 내 존재에 대해 유독 분노해요. 당신은 나를 나약하고 뻔뻔하다고 여기면서 내 존재의 의미를 소홀히 하죠. 그래서 그토록 함부로 날 억압하고, 다시는 보고 싶지 않아 한 겁니다. 그러나 당신의 욕망이 사라지지 않는 한, 당신은 무의식적으로 나를 이용하게 될 거예요. 완전히 새로운 방식으로 말이죠."

"그러니까 당신은 바로 나라는 거군요. 늘 마주하고 싶지 않았던 바로 그 나."

나는 살짝 풀이 죽었다.

"맞아요. 드디어 인정하는군요."

그가 말했다.

"나는 언제쯤 당신에게서 벗어날 수 있을까요?"

내가 물었다.

"당신이 더는 내게서 벗어나려 하지 않을 때."

우문현답이었다. 그의 얼굴에 '이런 말은 해봤자야'라는 표정이 역력히 떠올랐다.

"또 만나요."

그는 대답할 겨를도 주지 않은 채 야구 모자를 쓰고 무척이나 쿨하게 가버렸다. 이 집에 들어왔을 때처럼 그렇게.

나는 소파에 웅크리고 앉아 그의 말을 곰곰이 되짚어보았다. 가슴속의 묵직한 무언가가 더욱 무거워지는 것 같았다.

이상 씨

너의 이상은 진짜야, 가짜야?

모든 이의 마음속에는 멀찍이 희미하게 걸린 별 하나가 있다.
날 때부터 그곳에 있었는지 세상이 만들어낸 것인지는 모르나,
그 별은 당신을 이리저리 뒤흔든다.
당신은 그것을 무시할 수 없으며 가릴 수는 더더욱 없다.
할 수 있는 것은 그 별을 관찰하고 이해하려 애쓰는 것뿐.
손을 뻗어 그것을 떼어낼 수 있을 때까지.

탈모가 심한 편도 아니고 아직 마흔도 채 되지 않았는데, 이상 씨는 자신이 늙었다고 생각했다. 그는 자신이 기분이 좋지 않아서 늙어 보이는 거라고 했다. 기분이 좋지 않은 이유는 이상이 실현된 적이 없기 때문이란다. 이상 씨가 이상을 실현할 수 없다니? 원하는 수준에 비해 재능이 턱없이 부족해 한숨만 쉬고 있으니 안 늙는 것이 오히려 이상하다는 것이었다.

나는 이해할 수 없었다.

"선생님은 사람들의 이상을 실현해준다고 해서 이상 씨 아닌가요? 어째서 이상 때문에 고민하고 계시는 거죠?"

그가 웃었다.

"그쪽은 내 역할을 오해하고 있어요. 정확히 말하면 나는 사람들이 자신의 이상을 똑바로 알 수 있도록 돕는 존재요. 그런 다음엔 그것을 계속 품고 있을지 버릴지를 결정할 수 있도록 하지."

"그럼 이상을 가르치는 선생님 쪽에 더 가깝겠군요?"

나는 웃으며 물었다.

"그렇다고 할 수도 있겠지요." 그가 담배에 불을 붙이고 입을 벌린 순간, 누르스름한 이가 훤히 드러났다. "누구에게나 이상이 있어야 하지만 꼭 거창하고 대단할 필요는 없소. 이상이란 그저 당신이 되고자 하는 그 상태지요. 하지만 그걸 이루지 못하면 진정한 행복을 누리기가 어려워요. 설령 남들의 눈에는 썩 괜찮은 사람처럼

118

보이고 심지어 부러움을 살 정도라도 말이오. 그렇다면 스스로 되고 싶은 상태가 무엇이냐? 이게 바로 내가 당신을 도와 해결해야 할 문제지요."

"어떻게 도와주실 건데요?"

"좀 더 구체적으로 이야기해봅시다. 이상에 대해서 알고 싶은 것이 있소?"

그가 물었다. 나는 곰곰이 생각하며 말했다.

"제 이상이 실현 가능한 건지 알고 싶어요. 노력을 기울일 가치가 있는지, 또 어떻게 실현해야 하는지."

그는 느긋하게 담배를 피우며 생각하듯 나를 바라보았다.

"이상의 종류를 알고 있소?"

"아뇨."

나는 솔직히 대답했다.

"내가 볼 때 이상은 두 가지로 나눌 수 있소. 하나는 어느 날 갑자기 특정 사건이 벌어지고, 그렇게 살면 굉장히 행복할 것 같다는 생각이 드는 경우요. 이때 당신은 그것이야말로 삶의 목적이라고 느끼게 되지요. 나는 그걸 '주동형 이상'이라고 부르는데, 이런 이상은 긍정적인 마음에서 나오기 때문에 처음부터 끝까지 무척 매력적으로 비쳐요. 그 이상을 이루어나가는 과정에서도 당신은 기쁨을 느끼고 이상이 실현되었을 때의 행복도 오래 지속되지요. 음악가가 최고의 경지를 추구하는 마음이 주동형 이상의 예요."

나는 곰곰이 생각해보았으나 내 삶의 목적 같은 것은 찾을 수 없었다. 솔직히 말하면 지금껏 나는 내가 왜 살아가는지조차 모르고 있었다. 망연한 내 표정을 본 그가 웃으며 말했다.

"조급해하지 말아요. 또 다른 이상도 있으니까. 바로 '피동형 이상'인데, 어느 날 갑자기 발생한 사건이 당신 내면 깊은 곳의 열등감을 자극해서 생겨나지요. 이때 당신은 분노하고 또 몹시 무기력해져요. 예를 들어 돈이 없어 결혼도 못 하고 자기 능력은 의심스럽고 사사건건 무시만 당한다면, 분노한 당신은 당연히 돈도 잘 벌고 능력도 많은 사람이 되려고 하겠죠. 이런 이상은 원망과 울분에서 나오고 이루어가는 과정도 고통스럽죠. 또 실현한다 하더라도 기쁨은 잠시뿐이오. 왜냐면 일단 자신을 증명하고 나면 분노도 사라지고, 이때 갑작스럽게 마음이 텅 비면서 그간 기울인 노력의 가치를 의심하게 되니까. '누군가의 말 한마디 때문에 거의 반평생에 걸쳐 미쳐 있었던 것이 과연 가치 있는 것이었을까?' 이렇게 생각하며 계속해서 방향을 잃게 될 수 있소."

나는 다시 한 번 마음속을 샅샅이 들여다보았다. 그런 감정이 있는 것도 같아서 보일 듯 말 듯 고개를 끄덕였다.

"어쩌면 제 이상이 후자에 속하는지도 모르겠어요. 그런데 선생님은 그런 종류의 이상에 별로 공감하시지 않는 것 같은데요."

그는 고개를 가로저었다.

"공감하고 말고를 떠나 나는 객관적으로 분석할 뿐이오. 피동형 이상은 주동형 이상에 비해 확실히 소극적이지요. 그런 이상에 대한 집착은 엄청난 고통을 동반하기 때문에 꿈을 이루지 못해 자살하는 사람은 물론, 꿈을 이루고도 자살하는 사람들이 생겨나는 것이오. 그럼 그런 이상은 멀리해야 할까? 물론 아니오. 대부분의 사람에게 피동형 이상은 목표를 추구하는 데 필요한 동력의 원천이자 자신의 한계를 뛰어넘을 수 있는 좋은 기회니까. 핵심은 그걸 어떻게 이용하는가 하는 거요."

"어떻게 이용하면 될까요?"

내가 물었지만 몹시 쓸데없는 질문 같긴 했다. 그는 말을 멈추고 재떨이에 담배를 비벼 껐다. 그러고는 새 담배에 불을 붙인 다음 연한 연기를 내뿜었다.

"여기까지 이야기했으니 울분이라는 걸 짚고 넘어가야 하겠구요. 피동형 이상이 엔진이라면 울분은 시동기와 같으니까. 울분은 천둥처럼 우리의 정신을 뒤흔드는 한편 자신을 냉정하게 되돌아보게도 하지요. 우리는 울분에 이끌려갈 수도 있고 그것을 내 뜻대로 이끌 수도 있소. 사람들이 울컥하는 이유는 열등감 때문이에요. 울분의 배후에는 열등감이 숨어 있는 거지요. 옳다고 믿었던 생각이나 행위가 돌연 틀린 것이 되어버리면 일시적으로 혼란에 빠지고, 이를 받아들일 수 없으니 분노하고 원망하는 방식으로 상황을 뒤집으려 하는 거요. 울분이 가져오는 행위는 세 가지로 나눌 수 있어요."

나는 가만히 듣고만 있었다. 그는 헛기침을 한두 번 하고는 말을 이어갔다.

"첫째는 자신을 분노하게 한 사람이나 사건을 직접적으로 반격하고 파괴하는 거요. 이것은 열등감과 자존심의 장난 때문인데, 이성적인 선택을 할 수 없게 해버리지요. 예를 들어 여자 친구가 차도 집도 돈도 없는 당신을 버리고 다른 남자의 품으로 가버렸다고 해봅시다. 사랑에 대한 당신의 달콤한 기대가 한순간에 무너지는 일이잖소. 아마도 당신은 그 두 사람을 죽여버리고 싶을 만큼 울분에 휩싸일 거요. 당신이 얼마나 대단한 사람인지 보여주고 싶을 것이고, 보복도 하고 싶겠지. 이런 심리는 심할 경우 법이나 도덕적으로 어긋난 행동을 부를 수도 있소.

둘째는 울분을 느끼게 한 사람에게 휘둘려 인생의 방향을 바꾸는 거지요. 다시 말해, 상대방과 같은 분야에 뛰어들어 연적을 뛰어넘으려고 하는 거요. 예를 들어 여자 친구가 당신이 평범하고 문학적이지 않다며 문학청년에게 가버렸다고 해봐요. 당신은 몹시 화가 나겠지만 이성적으로 생각하면 나쁜 행동은 할 수 없겠지요. 그럼 어떻게 해야 할까? 더 대단한 문학청년이 되면 울분이 풀릴 거 아니요! 그래서 그렇게 되려고 온갖 노력을 기울이겠지요. 하지만 알다시피 당신은 문학적인 재능이라고는 손톱만큼도 없는 사람 아니오? 죽으라 노력해도 대단한 문학청년 같은 건 될 수 없으니 그 길이 더없이 고통스럽고 괴로울 거요. 이런 심리는 범죄로까지 이어지지는 않지만, 첫 번째와 마찬가지로 매우 어리석은 것이오. 자아를 완전히 상실해버리니까.

셋째는 울분을 계기로 자신을 돌아보고 자기만의 장점을 찾아 잠재력을 극대화하는 겁니다. 여자 친구가 문학청년에게 가버리면 당신은 무척 화가 날 거요. 그런데 얼마 후 냉정을 되찾은 당신은 상대방의 시각에서 문제를 바라보기 시작해요. '실제로 그래. 난 평범하고 문학적 재능이 없어 그녀가 바라는 사람이 될 수 없잖아. 관심사가 다르니 어차피 언젠가는 문제가 생길 거야. 그럴 거면 지금 헤어지는 것도 괜찮지.' 그러나 이 사건으로 조용하던 내면에 변화가 생겨 당신은 더는 평범하게 살기 싫어져요. 문학적 재능이 없는데 어쩌나? 괜찮아요. 대신 당신은 사업에 소질이 있고 또 사업을 좋아하니까. 결과적으로는 여자 친구와 헤어진 것을 계기로 당신의 사업적 잠재력이 깨어난 거지요. 당신은 자신이 좋아하는 일을 하게 되었으니 거기에 완전히 몰두할 수 있고 더없이 행복해지겠죠"

여기까지 말을 마친 그는 나를 보며 물었다.

"자, 솔직 씨. 당신의 울분은 이 세 가지 중 어느 쪽에 속하지요?"

"세 가지 모두 겪어본 것 같은데요. 솔직히 말해 저는 때때로 그리 이성적인 사람은 아니라서, 세 번째 경우의 울분을 겪는 일은 비교적 적어요. 아마 특별한 상황이 아니라면 주로 두 번째일 것 같은데요. 저 스스로 자신을 억압하는 과정을 겪죠. 그런데 전 당신의 말에 완전히 동의하지는 못하겠어요. 개인적으로 자아를 억압하고 단련하여 잘 못하는 일을 잘해보려 하는 것이 완전히 틀렸다고는 생각하지 않거든요. 이런 방식으로 목표를 달성하느냐 못 하느냐와 상관없이, 혹은 그런 과정이 행복한 것이냐 아니냐와 상관없이 사실상 그것 또한 자신의 마음을 따라가는 방식 아닌가요? 일종의 비극적인 영웅주의로 몰릴지라도 말이죠. 자신이 무엇을 하고 있는지 제대로 알고 있다면 완전히 자아를 잃지는 않을 것 같은데…. 선생님 생각은 어떠세요?"

나는 얘기를 듣던 중 두 번째 방식이 자아를 상실하게끔 한다는 말이 좀 의아했었다. 그것도 제법 나쁘지 않은 방법 아닌가 싶어서다. 그는 미간을 모으며 깊이 생각했다.

"그 말도 일리가 있군요. 그럼 그 문제는 일단 접어두고, 진짜 이상과 가짜 이상에 대해 이야기해봅시다."

"진짜 이상과 가짜 이상이요?"

나는 고개를 갸우뚱했다.

"그래요. 지금까지 여러 이야기를 했으니 솔직 씨도 알아차렸을 거요. 이상에도 가짜가 있다는 걸. 가짜 이상은 악마의 주문과도 같아서 당신을 속여 삶을 빼앗고 갈수록 미망에 빠지게 하지. 반면 진짜 이상은 몸과 마음을 하나로 모아 목표를 이루는 데 몰두하게 해요. 결국 가장 이상적인 상태에는 도달하지 못하더라도, 진짜 이상을 통해 당신은 가장 당신답게 살 수 있소. 진짜 이상과 가짜 이상을 구분하려면 세 가지를 반드시 짚어봐야 하지. 첫째, 이 순간 당신의 마음속에 있는 이상은 무엇인가? 둘째, 이 순간 당신이 이루고 싶은 이상은 스스로 진정 원하는 것인가, 아니면 외부세계에 대한 오기 때문에 생겨난 것인가? 셋째, 만약 이상이 실현되지 못한다면 기분이 어떻겠는가?"

'외부세계에 대한 오기'라는 대목에서 조금 화가 나서 그의 말을 끊고 입을 열었다.

"맞아요. 내 이상이 바로 외부세계에 대한 오기예요. 하지만 그게 절대로 부당하다고 생각하지는 않아요. 오기를 품고 외부의 인정을 받는 것이 내 인생에서 가장 하고 싶은 일이에요. 그게 바로 내 이상이고 존재의 가치라고요. 그걸 이루지 못하면 죽어도 눈을 못 감겠는데, 이게 틀렸다는 거예요?"

"흥분하지 말아요, 솔직 씨. 일단 내 말부터 끝까지 들어주겠소?"

그가 정중하게 나를 제지했다.

"좋아요, 말해봐요. 무슨 말을 하는지 한번 들어나 봅시다."

나는 여전히 씩씩댔다. 그는 그다지 동요하는 기색 없이 말을 계속했다.

"당신이 동의하든 하지 않든, 우리 모두는 두 개의 세계에 살고 있소. 하나는 외부세계고 다른 하나는 내면세계지. 이 둘은 서로 대립하면서 당신 내면의 모순을 드러냅니다. 외부세계는 우리가 속한 가정이나 사회로, 사람들이 인정하는 규칙과 풍습이 있기 마련이지요. 그런데 당신이 그걸 꼭 좋아하리라는 법은 없지요. 반면 내면세계는 당신 마음이 진정으로 원하는 것들로 구성되어 있고 당신만의 규칙으로 돌아가요. 그 규칙들은 당신이 깊이 인정하는 것이지만 외부세계가 반드시 받아들이리란 법은 없고요. 외부세계와 내면세계의 규칙이 충돌할 때 우리는 미망에 빠집니다. 만약 외부세계의 힘이 크면 내면의 규칙을 억누르거나 왜곡하게 되고, 마음속에는 가짜 이상이 생기지요. 가짜 이상은 규칙을 위해 살게 하고, 당신은 결국 유일무이한 자신이 아니라 규칙이 원하는 사람 중 하나가 되죠.

예를 들어 청춘의 끝이 눈앞에 있는데 이룬 건 아무것도 없는 것 같고, 더는 월급만을 위해 살고 싶지도 않아 창업을 하고 싶다고 해봅시다. 이때 자신에게 이런 질문을 해봐야 해요.

첫째, 왜 이제야 창업을 생각하게 되었을까? 이것은 오래도록 가슴에만 품어왔던 꿈인가, 아니면 외부세계로부터 자극을 받고 오기 때문에 떠올린 생각인가? 전자라면 당연히 문제가 없소. 창업을 아무리 늦게 한대도 전혀 문제 될 게 없지요. 마흔까지 간직한 꿈

126

이라면 십중팔구는 진짜 이상이니까. 그런데 후자라면 신중하게 접근해야 해요. 오기는 원대한 이상을 끝까지 뒷받침할 수 없거든. 예를 들어 어느 날 어떤 사람과 비교당해 창피를 겪었고, 분한 마음이 생긴 나머지 부자가 되고야 말겠다는 생각을 했다고 합시다. 그런데 당신은 사실 돈에 크게 신경 쓰는 성격이 아니거든. 돈은 아껴가며 쓸 만큼만 있으면 그만이고, 심리적으로 여유로운 삶을 더 좋아하지. 이때는 자신의 목소리를 듣고 그 길을 가야 하죠. 그래야 더 행복하잖소. 잠재력이란 상황이 닥치면 터져 나오긴 하지만 진짜 이상을 좇는 경우가 아니라면 혹은 생사가 걸린 문제가 아니라면, 그 힘이 강하지도 오래가지도 못해요. 억지로 짜낸 거니까. 그런 식으로 계속 가다간 당신 자체가 시들어버리고 말 거요.

둘째, 지금 이 순간 어떻게 이상을 실현할 것인지 분명히 인식하고 있는가? 돈을 많이 벌고 싶다는 욕망이 크고, 그러지 못하고서는 살아도 사는 게 아닌 것 같다면 먼저 확실히 생각해봐야 합니다. 이상을 이루는 방식과 과정을 뚜렷이 인식하고 있는지, 이런 식으로 하면 돈을 벌 수 있을지, 이런 방식이 과연 옳을지, 나에게 더 잘 들어맞는 돈벌이 방법이 따로 있을지 등을요.

셋째, 이상이 실현된 이후의 내 모습은 어떨까? 그때 자신은 과연 어떤 기분일지 그려보는 거요. 자신을 완전히 이완시킨 다음, 이 순간을 기점으로 이상을 실현해가는 과정을 생각해보고 그것을 기록 하는 거지요. 그다음에는 제삼자의 입장이 되어 그러한 방식이 실현 가능한 것인지를 살펴봅니다. 마지막으로는, 이상이 실현되었다고 가정하고 자신이 어떤 기분일지 느껴봐요. 내면이 진정으로 만족스럽고 앞으로 행복하게 살 수 있을지. 아니면 어떤 실망감이 든다거나 상상했던 것처럼 행복하지 않은 건 아닌지.

이런 추론은 완전히 사실에 부합하지 않을 수도 있지만, 만약 가짜 이상을 좇은 거라면 반드시 어딘가 이상하다는 걸 느끼게 될 거요. 당신의 내면이 저항하는 느낌을 확실히 받을 테니까. 무의식적인 직감은 의식이 고집을 부리고 있는지 어떤지를 판별할 수 있도록 도와주지요.”

여기까지 이야기한 그는 나를 비스듬히 바라보며 물었다.

“자, 이제 당신의 문제를 이야기해봐요. 아직도 외부세계에 오기를 부리는 것이 당신의 존재 가치요?”

나는 한참 동안 생각했다. 어떻게 말해야 할지 한번 되뇐 후에 입을 열었다.

“선생님의 얘기도 일리는 있어요. 그런데 ‘오기를 부린다’는 표현은 여전히 동의하지 못하겠어요. 전 제 이상이 진짜 이상이라고 생각하니까요. 저는 오기를 부리는 게 아니라 존재감에 대한 욕망이 커서, 외부세계로부터 인정받으려는 욕구가 남달리 강하거든요. 그래서 끊임없이 스스로 존재감을 느낄 수 있는 일을 하려 하는데,

구체적으로 어떤 일을 하느냐는 제가 어디에 관심을 두는가에 달려 있어요. 흥미를 느끼는 일을 통해 존재감을 얻을 수 있을 때는 저의 진짜 이상을 따르는 거예요. 물론 그렇게 살다간 평생 타인의 시선에서 벗어나지 못할 거라고 할 수도 있겠지만, 전 아니라고 생각해요. 저는 그저 내 시선 속에서 사는 거고, 단지 내 시야 안에 타인의 시선도 포함되어 있을 뿐이지요."

"어쩌면 당신이 옳은 걸지도 모르겠군."

그가 말했다.

"고마워요."

"천만에."

그는 짧게 대꾸했다.

"그럼, 이제부터 이상을 어떻게 실현해야 하는지 말해주실 건가요?"

내가 물었다. 잠시 생각하던 그가 입을 열었다.

"그럽시다. 이미 마음속의 이상이 진짜 이상이라고 확인했다면, 다음에는 '이상과 현실의 균형을 맞추는 법'을 생각해봐야겠지요. 이상을 실현하는 과정에서 좌절은 피할 수 없소. '비바람을 겪지 않으면 무지개를 볼 수 없다'는 식의 옛 가르침도 있잖소. 그런데 이 말은 일리는 있지만 완전히 옳다고는 할 수 없어요. 우리는 새로운 시각으로 문제를 바라봐야 합니다. 다만 당신이 받아들일 수 있느

냐가 문제일 뿐."

"뜸 들이지 말고 얘기해주시죠."

내 말에 그는 자세를 고쳐 앉으며 말을 이었다.

"좋소. 다른 각도에서 보면, 우리가 보는 외부세계의 경계는 사실 내면세계를 투영한 거요. 좌절을 연거푸 겪거나 매번 반대에 부딪히면 내면에 공포가 생기고, 그 공포가 커질수록 좌절감도 커지지. 예를 들어 창업을 하려 하자 가족이 반대하는 거요. '좋은 직장에 다니며 괜찮게 살고 있는데 꼭 모험을 해야겠니? 만약 성공하지 못하면 어쩔래? 있는 거 몽땅 날려먹으면 어쩔래?' 뭐 이런 식으로요.

이런 반대에 부딪히면 당신은 기분이 나빠지고 심지어 화도 날 거요. 가족과 다툴 수도 있고 그들을 무시해버릴 수도 있지요. 그렇지만 이런 방식은 다 옳지 않아요. 가족이 반대할 수 있는 것은, 본질적으로 당신의 내면 깊숙한 곳에도 실은 그런 걱정들이 존재하기 때문이니까. 그저 당신 내면의 두려움이 가족의 입을 통해 밖으로 나오는 것일 뿐이오. 당신은 스스로 두려워하고 있다는 사실을, 자신의 이상 앞에 그토록 많은 공포가 깔려 있다는 사실을 인정할 수 없소. 그러나 두려움이 존재하는 건 분명하기 때문에, 당신의 무의식이 그것들을 대신 표출할 방법을 찾게 돼요. 타인의 반대나 좌절 등의 방식을 통해 알려주는 거지요. 사실 우리의 내면 깊은 곳에는 모순된 생각들이 수도 없고, 그것들이 발목을 붙잡고 있으니 떨쳐낼 방법을 생각해야 하지요."

나는 그의 말을 끊었다.

"그건 좀 비약 같은데요. 그 비슷한 논리는 저도 많이 들어봤지만, 솔직히 늘 회의적이었거든요. 사람이 자기 내면의 두려움을 외부적 요소에 투영한다는 점은 부정하지 않아요. 다만 개인의 두려움이 정말로 주변 사람들의 생각이나 행위에 영향을 줄까요? 그건 너무 말이 안 되는 것 아닌가요?"

그는 가만히 손을 들어 나를 제지했다.

"이건 그저 문제를 바라보는 시각일 뿐이니, 반드시 동의할 필요는 없어요. 그러나 이런 시각을 완전히 부인해서는 안 되지요. 어떤 사건에 대한 가능성을 염두에 둔다는 것 자체가 굉장한 일 아니겠소?"

나는 어쩔 수 없이 한발 물러섰다.

"뭐 어쨌든, 계속 말씀해보세요."

"당신은 속으로 이상을 이룰 수 있을지 충분히 자신하지 못할 때가 많아요. 만약 정말로 완전히 믿고 있다면 좌절을 겪을 일도 없겠지만, 그런 상황은 있을 수가 없지요. 왜냐면 당신의 내면세계에는 상반되는 것들이 공존하고, 어둠과 빛이 반드시 함께 있으니까. 이건 일종의 균형인데, 균형이 없으면 삶은 완전해질 수 없거든요. 어째서 세상에는 완벽한 존재가 없는지 아시오? 다들 완벽한 것에는 아름다운 면만 있어야 한다고 생각하기 때문이오. 실은 아름다운 것과 추한 것이 공존해야 완벽하다는 사실을 인정하지 않으려고 하지요. 이런, 이야기가 조금 옆길로 샜군요."

그는 또 한 번 헛기침을 했다.

"아무튼 자신감이 부족하다는 건 당신의 이상과 계획에 아직 결함이 많다는 뜻이에요. 이때 당신은 외부세계에서 좌절을 겪게 되는데, 좌절을 통해 그 사실을 알고 또 대처해나가지요. 예를 들어 당신이 그래도 창업을 하겠다면 기존의 삶을 무너뜨려야 하잖소. 이미 균형 잡힌 생활을 뒤엎는 것은 분명 진통을 수반할 겁니다. 이때 진통은 미래에 대한 불안에서 오고, 앞으로 더 나은 형태로 다시 균형을 잡을 수 있을까에 대한 우려에서 나오지요. 부모와 처자식, 친구들까지 창업을 반대하는 이유는 기존의 균형이 깨지면 그들 역시 익숙해진 삶에서 벗어나 미래에 대한 두려움을 당신과 함께 겪어야하기 때문이오. 이때 당신이 해야 할 일은 그들과 맞서는 것도, 분노나 원망을 느끼는 것도 아니고 그저 받아들이는 것이지."

"잠깐만요."

나는 불쾌한 말투로 입을 열었다.

"요즘 여기저기서 받아들이라는 말을 자주 하네요. 유행인가 봐요. 선생님께선 자신이 얘기한 '받아들인다'는 것에 대해, 좀 남다른 견해를 가지고 계신가요?"

나는 비꼬듯 그를 바라보았다.

"에, 딱히 다를 건 없고 다들 얘기하는 그대로요. 받아들인다는 건 대면한다는 거예요. 도망가거나 숨지 않고, 자신의 가장 진심 어린 감정이나 골치 아픈 현실도 인정하는 것. 싫어하는 일이 생기려고 한다면? '괜찮아, 한번 해보자. 같이 해결해보자' 하고 마주하는 거지요. 그러고 나면 먼저 마음이 편안해지고, 모든 공포를 냉정한 머리로 직시할 수 있게 돼요. 그다음엔 분석하는 겁니다. 그 공포의 살상력이 얼마나 될지. 당신의 이상이 공포 앞에서 완전히 나가떨어진다면 진짜 이상이라 믿었던 그것이 실은 가짜였단 뜻이지요. 자기 자신에게 기만당한 거요.

진짜 이상은 그것을 이룰 수 있는 좋은 경로와 방법을 반드시 생각해내게 하지요. 이를 정리하고 나면 자신감이 붙고, 반대하는 사람들도 자연스레 설득할 수 있어요. 소위 좌절이라는 것도 극복할 수 있고 말이지. 예컨대 진짜 이상이 나타나면 냉정하고도 편안한 상태에서 굉장히 설득력 있는 계획을 세울 수 있소. 불확실성보다 확실성이 더 큰 계획 말이오. 설령 불확실성이 크게 보일지라도 당신은 그다지 두려워하지 않을 거요. 일단 내면 깊은 곳에서 진정한 자신감이 솟구치기 시작하고 무의식이 자신을 넘어서면, 당신도 확인하게 되겠지. 반대의 목소리가 점점 잦아들고, 좌절도 하나하나 극복되어가는 것을."

"듣고 보니 일리가 있는 것도 같네요. 하지만 선생님의 논조는 이런 가설을 바탕으로 해야 해요. 진짜 이상만이 진정한 자신감을 만들고 강한 열정을 불러일으킨다는 거죠. 즐거운 마음으로 추구할 수 있는 이상만이 진짜 이상이고. 이 가설이 정말 성립할까요?"

"제대로 이해했군요. 진짜 이상은 실은 개인이 좋아하는 분야에서 나오지요. 진정으로 관심 있는 것에 열정을 품지 않을 사람이 있을까? 정말로 관심 있는 일을 하는데 기쁘지 않을 수 있을까? 열정과 행복으로 가득한 일을 한다면 당연히 자신감이 생길 텐데, 그 자신감이 좌절을 겪는다고 사라질까? 곰곰이 생각해봐요. 어떻소?"

그가 나를 똑바로 바라봤다.

"그 말씀은 맞아요."

나는 한참 동안 생각한 후 대답했다. 그가 미소를 지으며 말했다.

"마지막으로 다시 한 번 말하지요. 진짜 이상은 몸과 마음이 일치하는 쾌감을 가져다줍니다. 이런 느낌을 찾았다면 이상과 현실은 자연스럽게 균형을 이루게 되고요. 현실이 이상의 발목을 잡는다? 그건 당신의 이상이 가짜이기 때문이오. 진짜 이상은 발목 잡히지 않거든. 스스로에게 물어봅시다. 그런 경험이 있소?"

"아직 없어요."

나는 솔직하게 대답했다.

"그러니까 내가 이렇게 늙어 보이는 거요."

그는 어두운 얼굴로 무기력하게 담배를 비벼 끄고는 무겁게 한숨을 쉬며 가버렸다. 그의 벗어진 머리와 굽은 등허리를, 나는 그저 미안한 눈으로 바라보았다. 그에게 엄청나게 큰 잘못이라도 한 것 같은 기분이 들었다.

더딘 씨

껍데기 속의 나를 꺼내줘요

나와 이 세상 사이에는 두꺼운 벽이 놓인 것만 같다.
타인이 내 쪽으로 들어오기가 쉽지 않고,
내가 밖으로 나가는 것도 어렵다.

그 남자는 시멘트로 뭔가를 만들었다. 몹시 두꺼운 벽에 크기가 사람 키만 한, 위아래로 길쭉하고 둥그런 형태였다. 나를 본 그는 쌩하고 그 안으로 들어가더니 갑옷 속에서 머리만 내민 모습으로 나를 보며 미소했다.

"갑옷 참 멋진데요."

내가 말을 걸자 그는 여전히 머리만 내민 채로 말했다.

"이건 갑옷이 아니라 행위예술입니다."

"뭘 표현한 건데요?"

"내게 달걀 껍데기가 있다는 거죠."

"달걀 껍데기가 무슨 의미인데요?"

그는 잠시 생각하더니 입을 열었다.

"내 마음이 이런 껍데기를 만들었다는 것? 두꺼운 데다 열전도가 형편없어서, 밖에서 아무리 불을 지펴도 이 안쪽은 하나도 뜨겁지 않아요. 불을 피우던 당신이 지쳐서 실망하고 가버리면 난 그제야 막 따뜻해지기 시작하죠. 그래서 이 달걀 껍데기를 만들었어요. 내 느낌을 표현하기 위해서."

내가 물었다.

"그러니까, 당신은 더딘 사람이라는 건가요?"

"맞아요."

그가 고개를 끄덕였고, 나는 또 물었다.

"자신이 그런 사람인 것이 마음에 들어요?"

그는 고뇌하는 표정으로 고개를 가로저었다.

"당연히 마음에 안 들죠. 더뎌서 상처만 받는 걸요. 며칠 전에는 좋은 여자를 놓쳤어요. 제가 너무 더뎌서 그래요. 벌써 한두 번이 아닌데, 상대가 나한테 고백을 할 때면 난 늘 그게 농담 같아서 믿을 수가 없거든요. 뒤늦게 진지하게 받아들여야겠다 하고 자각했을 때는 이미 임자가 생겼더라고요."

나는 좀 어이가 없기도 하고 궁금하기도 했다.

"반응이 얼마나 더디기에 그래요?"

그는 고개를 숙이며 풀 죽은 목소리로 말했다.

"내 생각엔 그렇게 더딘 것도 아닌 것 같은데… 한 반년 전쯤 고백을 받은 것 같아요. 그 대답을 하려고 며칠 전에 찾아갔더니 이미…. 그렇게 차이고 나면 너무 힘들고 그런 현실을 받아들일 수가 없어서 한동안 그 일을 아예 잊어버려요. 그러다 다시 떠올렸을 땐 왠지 속은 것 같은 기분이 들어 굉장히 마음이 상하죠. 하지만 또 가만히 생각해보면, 상대방은 잘못한 게 없고요. 웃기지 않아요? 세상에 뭐 이런 남자가 다 있나 싶죠?"

"조금 웃기긴 해요." 내가 말했다. "그럼 앞으로는 어쩔 생각이죠?"

"나를 좀 바꿔보고 싶어요. 이 껍데기를 깨고 싶은데 어떻게 해야 하는지 모르겠어요. 껍데기가 왜 생겼는지도 잘 모르겠고."

내가 물었다.

"더디다는 표현을 쓰지 않는다면 껍데기의 본질이 뭐라고 생각하나요?"

그는 한참을 생각하다 혼잣말하듯 천천히 입을 열었다.

"음…, 외부세계에 대한 불신?"

"맞아요. 그런 느낌. 외부세계를 믿을 수가 없으니까 두꺼운 껍데기를 만든 거예요. 그 안에 숨어 있으면 굉장히 안전하다는 기분이 드니까. 그런데 어째서 외부세계를 믿지 못하는 걸까요?"

그의 어리둥절해하는 표정을 보며 나는 말을 이었다.

"발달심리학의 관점으로 보면, 세상에 대한 신뢰는 영아기 전기에 최초로 형성돼요. 인간이 세상에 대한 신뢰를 쌓는 가장 중요한 시기죠. 만약 이 시기에 부모 혹은 보살펴주는 사람이 영아를 소홀히 하면 신뢰가 제대로 형성되지 못할 가능성이 크죠. 그러면 성인이 된 후에도 의심이 많고 신중한 심리적 특징이 나타나요. 이런 감정은 일단 생기면 잘 사라지지 않기 때문에 외부세계를 불신하는 사람들은 상대가 따뜻한 진심을 주어도 그걸 제대로 느끼지 못해요."

내 말을 듣자 그는 실망스러운 눈빛으로 나를 바라보았다.

"그럼 큰일인데요. 영아기에 형성된 문제점도 고칠 수 있나요? 설마 가망이 없는 건 아니겠죠?"

거대한 달걀 껍데기를 뒤집어쓴 채 울 듯한 표정을 짓고 있는 남자를 보니 나도 모르게 웃음이 나려 했다.

"가망이 전혀 없는 건 아니에요. 당신이 원한다면 어느 정도는 개선될 수 있죠. 사람의 행위는 내면의 인지와 생각에서 나오는 거예요. 과거에 문제를 발생시켰던 생각도 성인의 시각에서 분석하면 차원이 달라지죠. 사실 자신을 바꾸는 건 언제 해도 늦지 않아요. 세상에 대한 불신의 근원만 이해하면 되니까요. 그러고 나면 당신이 같은 생각을 계속해서 되풀이할 까닭이 없지 않겠어요? 아무리 뿌리 깊은 관념이라도 일단 자초지종을 알고 나면 이성적으로 천천히 고쳐나갈 수 있죠."

그는 고개를 갸웃했다.

"하지만 어린 시절에 어떤 일을 겪었고 어떤 관념이 형성되었는지 어떻게 기억해요?"

"물론 기억 못 하죠. 기억할 필요도 없어요. 당신이 해야 할 일은 당신 같은 사람들에게서 자주 관찰되는 불합리한 신념을 이해하고 그런 신념을 합리적으로 바꾼 다음, 인지와 행위의 패턴을 재정립하는 거예요. 그러고 나서 새로운 패턴이 자리 잡도록 하면 돼요. 보통 더딘 사람들은 내면 깊은 곳에 열등감을 품고 있고 자신의 가치를 평가 절하하죠. 좌절을 겪으면 쉽게 절망하면서 도망치려고 하고요."

"말이 너무 어려워요. 죄송하지만, 내 경험을 예로 들어서 설명해 줄래요? 내가 어떻게 하면 되는지."

약간 쭈뼛거리며 그가 말했다.

"그러죠. 당신의 도피 방식은 몇 가지로 나눌 수 있어요. 첫째, 이건 말도 안 되는 일이라며 부정한다. 여자가 고백을 해왔을 때, 당신도 이를 굉장히 행복한 일이라고 생각해요. 하지만 내면의 열등감과 자기비하 때문에 그 사실을 믿을 수 없어요. 믿지 못하면 어떻게 되느냐. 가장 먼저 부정을 하죠. 거짓말이라고 생각해버리는 거예요.

여자가 계속해서 고백하면 못 알아듣는 척하거나, 심지어 다른 속셈이 있다고 생각해버리기도 해요. 하지만 사랑받는다는 건 긍정적인 자극이고, 열등감을 지닌 사람에게는 엄청난 영향을 주죠. 그래서 당신도 그것을 완전히 부정하지는 않고 얼마 남지 않은 희망을 되살려요. 당신은 소가 되새김질을 하듯 수시로 이런 희망을 곱씹으면서 확인하고, 부정하고, 또 확인하고, 또 부정하고, 다시 확인하고…, 두려움과 의심이 완전히 사라질 때까지 계속하는 거예요. 맞나요?"

그는 두 눈에 놀라움을 가득 담은 채 고개를 끄덕였다. 나는 말을 계속했다.

"둘째, 이건 말도 안 되는 일이라며 잊어버린다. 두려움과 의심이 사라져서 이젠 마음을 열어볼까 하고 찾아간 당신에게 그 여자는 다른 남자 친구가 생겼다고 말해요. 당신에게는 그야말로 마른하늘에 날벼락 같은 소식이죠. '역시나 그랬어'라는 생각에 세계에 대한 의심과 공포는 한층 더 깊어지고, 우롱당했다는 모욕감까지 들어요. '이 세상은 정말로 무서운 곳이군. 난 왜 이렇게 바보 같지? 멍청해도 어쩜 이리 멍청할 수가.' 당신의 내면은 이 사실을 도저히 받아들일 수 없기 때문에 당신의 잠재의식이 이 일을 잠시 잊어버리게 해요. 마치 없었던 일처럼. 그렇지만 사실 평생 갈 만큼 엄청난 충격은 아니라서 오래지 않아 당신은 그 사건을 잊게 됩니다. 어쩌다 문득 떠올리기만 할 정도가 되죠."

그는 입을 다문 채 무언가를 깊이 생각하고 있었다. 나는 말을 이었다.

"셋째, '정말 말도 안 되는 일이야, 난 아직 어려서 받아들일 수 없어'라고 생각한다. 당신이 다시 이 일을 떠올렸을 때, 그때도 여전히 받아들일 수 없다는 기분이 강하게 들면 어떻게 할까요? 거짓말에 속아 넘어간 어린아이의 마음으로 어린아이 같은 행동을 하게 되죠. 억울하다는 표정으로 발을 구르면서 '그 여자는 정말 못된 거짓말쟁이야!'라고 외치는 식으로. 당신은 이렇게 자신을 약자로 만듦으로써 나는 멍청한 것이 아니라 아이처럼 약하기 때문에 그런 일을 받아들일 수 없는 거라고 생각해버려요. 내면의 불안함을 덜기 위한 반응이죠."

"그 밖에 또 있나요?"

그가 물었다.

"지금은 이 정도만 알 것 같네요."

그는 약간 망설이는 기색을 보이며 입을 열었다.

"당신이 말한 세 가지 도피 방식, 전에는 몰랐는데 얘기를 듣고 보니 정말로 그런 것 같아요. 다만 그게 일리 있다고 여겨지는 것도 내가 당신의 분석에 휩쓸렸기 때문이 아닐까 걱정이네요."

매우 걱정스러운 눈치였다. 나는 가볍게 웃으며 말했다.

"그건 어디까지나 내 생각일 뿐, 당신이 반드시 동의할 필요는 없어요. 먼저 잘 생각해본 다음 다시 고민해보도록 하죠."

그가 고개를 끄덕였다.

"좋은 생각이에요. 하지만 난 그래도 당신과 계속 얘기를 나누고 싶은데. 일단은 당신 말이 맞다고 하죠 뭐. 그럼 나처럼 도피하려는 마음을 바꾸려면 어떻게 해야 하나요?"

"도피가 이미 습관화됐다면 한 번에 바뀌지 않아요. 그 습관을 버리려면 분명 매우 길고 힘든 과정이 필요하죠. 작은 고민거리에서부터 심각한 상황에 이르기까지, 그런 것들에서 도피하고 싶어질 때마다 두 가지 방법으로 생각을 바꿔볼 수 있어요.

첫째는 용감한 사람을 롤모델로 삼는 거예요. 자신에게 부족한 덕목들을 인정하고 받아들인 다음 모방하여 내면화하는 거죠. 예를 들어 당신이 매번 도피하려고만 한다면, 매사에 용감하고 주동적으로 대응하는 사람을 찾아 롤모델로 삼는 거예요. 꼭 친구가 아니더라도 괜찮아요. 사건이 벌어졌을 때 그 사람이라면 어떻게 할까 생각해보며 서서히 자신을 바꿔나가는 겁니다. 물론 이런 식의 모방은 작은 고민거리를 해결할 때부터 시작해야 해요. 커다란 자극을 받았을 때는 모방할 틈조차 없을 테니까.

둘째는 열등감, 의심, 두려움이 도피 심리의 근원임을 아는 거예요. 이러한 것들은 내면 깊숙한 곳의 부정적인 생각에서 나옵니다. 예를 들어 누군가 갑자기 당신에게 잘해주면 당신은 도피 심리가 발동해서 상대방의 동기를 의심하게 됩니다. 이때는 자신이 상대를 의심하고 있다는 사실을 받아들이고 스스로에게 의심해도 괜찮다고 말해주세요. 그런 다음엔 의심과 반대되는 시각으로 다시 한번 그 사람의 동기를 판단해봐요. 상대방이 정말로 불순한 동기를 품었을까? 그것을 통해 저 사람이 얻는 것은 무엇일까? 그저 내가 괜찮은 사람이라고 생각해서 단순히 잘 대하고 싶어서 그런 것은 아닐까? 대놓고 의심만 하던 때와는 다른 모습이 눈에 들어올 거예요. 이 밖에도 긍정적인 격언 등을 많이 읽고 그 뜻을 깨달으려고 노력하다 보면 시간이 갈수록 당신의 생각도 조금씩 바뀌어갈 거예요."

"그 얘기는 좀 식상하게 들리네요."

기발한 해법을 기대했던 듯 그는 실망스럽다는 얼굴이었다.

"맞아요. 하지만 식상하다고 해서 쓸모없다는 건 아니죠. 안 그래요?"

나는 미소를 지으며 말했다. 그가 물었다.

"그야 그렇긴 하지만요. 그런데 당신의 제안대로 하면 반드시 내 성격을 바꿀 수 있는 거죠?"

"한 가지 말해주고 싶은 것이 있어요. 인간의 내면에는 빛과 어둠이 공존해요. 우리가 해야 할 일은 부정적인 생각을 완전히 없애는 것이 아니라, 긍정적인 것과 부정적인 것이 지속적으로 균형을 이루도록 하는 거예요. 이게 바로 인생이죠. 반응이 더딘 것이 꼭 나쁜 것만은 아니에요. 때에 따라선 장점이 되기도 하죠. 다만 당신이 거기에 지배당하고 있으니 좀 줄일 필요가 있는 거예요. 그 반대쪽에 있는 마음을 키울 필요가 있는 거죠."

"이건 반박의 여지가 없는 굉장히 노련한 대답인데요."

그가 말했다. 나는 대꾸 없이 그저 그를 향해 웃었다.

"어쨌든 오늘은 고마웠어요. 덕분에 적어도 내 병을 치료할 약은 있다는 걸 알게 됐으니까." 그는 화답하듯 미소를 지으면서 말했다. "그럼 또 만나요, 솔직 씨. 다음에 만날 땐 달걀 껍데기에서 벗어나기를 기원해주세요."

"좋아요. 다음엔 껍데기는 두고 몸만 오기를."

나는 그가 얼굴까지 달걀 껍데기 속으로 집어넣고 데굴데굴 굴러가는 모습을 지켜보았다.

분산 씨

늘 바쁜데도 일은 왜 줄지 않을까

일만 하려고 하면 정신이 분산된다.
이 일을 하려고 하면 늘 더 중요한 일이 생각나 그 일에 착수한다.
하지만 그 일을 해도 집중이 되질 않아 또 다른 일로 손을 옮긴다.
이렇게 온종일 돌고 돌다 해가 지고, 잠자리에 들 때면 비로소 깨닫는다.
사실상 하루 동안 아무것도 끝내지 못했다는 것을.
그러면 스스로를 위로하는 수밖에 없다. 또 다른 내일이 있지 않느냐고.

"제대로 된 일만 하려고 하면 정신이 흐트러지는 기분, 느껴본 적 있어요?"

맞은편에 앉아 밀크티를 마시며 담배를 피우던 여자가 눈을 흡뜨며 물었다.

"있죠. 자주는 아니지만."

내가 대답했다. 그녀가 대뜸 말했다.

"그건 불공평한데."

"네? 뭐가요?"

"난 날마다 정신이 분산되는데, 당신은 어째서 그러지 않는다는 거죠? 내가 당신 마음속에 살고 있는데 말이죠."

그녀는 밀크티를 거칠게 한 모금 마셨다.

"아, 그건 내가 당신의 힘을 없애는 법을 알기 때문이에요."

내 말에 그녀는 믿을 수 없다는 눈으로 나를 바라보았다. 이번에는 담배를 거칠게 한 모금 빨아들였다. 나는 달래듯 말했다.

"화내지 말아요, 분산 씨. 난 그저 정신이 분산된다는 게 속임수라는 걸 알 뿐이니까. 그래서 당신이 나타나도 영향을 받지 않는 거예요."

"속임수라뇨? 내가 날 속인다는 건가요? 농담도 잘하시네."

말은 그렇게 하면서도, 그녀의 얼굴에는 약간 놀란 빛이 떠올랐다.

"좋아요. 내 생각을 말해보죠. 정신이 분산된다는 건 해야 할 일에 충분히 집중할 수 없다는 거예요. 어째서 집중할 수 없을까요? 외부 요인의 간섭이라는 요소를 빼면, 본질적으로는 내면의 두려움 때문이에요. 잘 해낼 수 없을까 봐, 제대로 하지 못할까 봐, 혹은 그에 관련된 다른 요소들을 두려워하는 거죠. 두려운 일 또는 결과를 직접적으로 대면하지 않기 위해 당신의 심리가 장난을 치는 거예요. 이게 바로 자기기만이죠. 기만은 고통받게 되는 시기를 늦춰주어 안전하고 즐거운 상태에 계속 머물게 해주니까요. 사람들은 대부분 곤경이 다가오면 자기도 모르는 사이에 기만을 택해버려요. 손쉽게 할 수 있으니까."

그녀는 깊이 생각하는 것 같은 얼굴이더니 찻잔을 들어 후루룩 소리를 내며 마셨다.

"당신 말이 맞을지도 모르겠지만, 그걸 안다고 해서 내 문제를 고칠 수 있는 건 아니잖아요."

"물론 그렇죠." 내가 말했다. "마음이 분산되는 것을 막으려면 이것만으로는 부족해요. 스스로 기만하는 수법을 제대로 알아야 하죠."

"아, 그거 재미있겠는데. 빨리 얘기해봐요."

그녀가 말을 재촉했다.

"첫 번째 수법은, '성공의 쾌감만 즐기고 싶어. 고생스러운 노력은

149

싫고'라고 생각하는 거예요. 일 하나를 끝마치면 당신은 어떤 기분이 들까요? 일단은 성취감이죠. 돈을 벌기 위해서든 자아실현을 위해서든, 이런 감정이 불러일으키는 쾌감은 사람에게 대단한 영향을 미쳐요. 그런데 의지가 약한 사람은, 일을 끝낸 후의 쾌감을 무척이나 바라면서도 그 과정에서 마주치게 될 어려움은 극도로 두려워하죠. 그래서 일을 막 시작할 때 이미 끝난 뒤의 쾌감을 상상하고, 상상이 점점 더 심해지면서 그 쾌감 속에 깊이 빠져버려요. 마치 정말로 그 일을 끝낸 것 같은 착각이 들죠. 그 기분을 거부할 까닭이 없으니 신나게 누리기 시작해요. 한껏 긴장이 풀려서는 차도 마시고 게임도 하고 여자랑 데이트도 하고…. 그러면서 정작 해야 할 일을 아직 끝내지 못했다는 사실은 무시해버려요. 마음이 극도로 분산되어버리는 거죠. 하지만 현실은 현실이니, 실제로 일은 끝내지 못했고 남은 시간은 촉박하다는 사실을 깨닫는 순간이 오죠. 그때부터 허둥지둥 일을 하기 시작해요. 물론 결과는 엉망진창이기 십상이고요."

"난 여자랑 데이트 같은 건 안 하는데."

그녀가 꼬투리를 잡았지만 나는 신경 쓰지 않았다.

"두 번째 수법은, '완전히 휴식을 취해야지. 그래야 최고의 컨디션이 되어 제대로 집중할 수 있어'라고 생각하는 거예요. 이 수법은 결과를 중시하는 사람들이 주로 사용해요. 성공을 남달리 중요하게 생각하기 때문에 일을 시작하기 전에 먼저 몸과 마음의 컨디션을 최고로 끌어올려야 한다는 거예요. 최고의 컨디션이란 뭘까요? 가장 좋은 건 느긋하게 긴장을 이완하는 거죠. 그래야 차분하고 침착해질 수 있잖아요. 그러나 실제로 이 부류의 사람들이 긴장을 이완하는 방식은 도를 넘어서고, 무분별한 휴식으로 이어지는 게 보통이죠. 차를 다 마신 후에도 아직 부족한 것 같고, 게임이 끝났지만 여전히 좀더 쉬어야 할 것 같고, 데이트도 다 했는데 뭔가 좀 아쉬워서 계속 다른 것들을 조금씩 하고…. 그러다 보면 시간은 흐르고 마감은 곧 다가오는데 아직 긴장이 완전히 풀리지는 않았고…. 그렇지만 마음이 급해져 억지로 허둥지둥 일을 시작하고, 모두 끝내지 못하니 시간이 너무 빠듯하게 주어졌다고 불평하고, 자신은 일을 제대로 할 준비가 아직도 되어 있지 않고…."

"맞아요, 맞아. 영원히 준비가 안 될 것 같은 기분, 그거 딱 내 얘기네."

그녀는 담배를 한 모금 빨아들였다. 나는 말을 계속했다.

"세 번째 수법은, '일은 적당히 쉬어가면서 해야 집중이 잘 되지'라고 생각하는 겁니다. 이 방법을 쓰는 사람은 보통 일과 휴식이 결합돼야 결과가 좋다고 믿어요. 물론 원래 의미를 오해하고 그 말을 핑곗거리로 삼는 거지만요. 이 경우 휴식은 휴식대로 부족하고, 일은 일대로 잘 되지 않아 결국 이도 저도 아닌 꼴이 되어버려요.

이렇게 말하는 사람도 있죠. '아니야! 나는 그래도 일만 잘 하는데? 난 멀티태스킹 기술을 타고나서 영화를 보면서도 일할 수 있어'라는 식으로요. 맞아요. 할 수 있다는 건 믿지만 잘 해낼 수 있을지는…, 글쎄요. 일과 휴식을 병행하고도 결과물이 '훌륭'하다고 느끼는 것은, 일을 완성하지 못할 것에 대한 두려움 때문에 자신도 모르는 새에 기준을 낮췄기 때문이에요. 우수한 결과물이 아니라 간신히 통과하는 것이 목표가 되어버린 거죠. 그렇게 하는 까닭은 높은 기준에 대한 두려움을 극복하지 못했기 때문이에요. 이런 두려움은 무의식중에 대단히 큰 영향을 발휘하여 내면의 힘을 억눌러요. 힘이 모자라니 외부에서 에너지를 끌어다 내면의 공백을 채우려는 현상이 나타나는 겁니다. 이렇게 끊임없이 다른 일을 생각하는 습관이 간신히 뚫어놓은 내면 에너지의 통로를 끊어놓기 때문에 더 좋은 영감과 아이디어를 놓치게 되죠."

"이것도 내 얘기 같은걸?"

그녀는 밀크티를 입에 머금은 채 중얼거렸다. 어딘가 산만하다는 생각이 들어 거슬렸지만 그냥 하던 말을 계속했다.

"네 번째 수법은, '너무 피곤해서 집중할 수가 없어'라고 생각하는 거예요. 방금 말한 세 가지 수법은 그나마 간신히라도 일을 하는 거지만, 이 수법은 철저히 도망가는 거예요. 마치 놀란 생쥐처럼 스스로 만든 거짓말 속에 숨어서 머리조차 내밀지 않죠. 업무를 해낼 가능성이 전혀 없어요. '아냐, 아냐. 일을 안 하려는 게 아니라 진짜로 너무 피곤해서 그래. 푹 좀 쉬어야겠어.' 이런 식으로 쉬다가 석달 열흘쯤 지나서 누군가의 도움을 받아 일을 끝내고 나면 그제야 기적처럼 벌떡 일어나요. 뜬금없이 힘이 넘치죠. 이런 부류의 사람은 확실히 생쥐 같아요. 해야 할 일 앞에서는 벌벌 떨며 자기 능력에 엄청난 회의를 품지만, 남들에게 무능함을 들키기는 싫으니 그런 거짓말을 짜내는 거예요. 더 대단한 건 그 거짓말을, 자신은 정말로 믿는다는 거죠."

"에, 그건 좀 염치없는 것 같은데…. 좋아요, 인정할게요. 나도 자주 쓰는 방법이에요."

그녀가 또 선심쓰듯 툭 내뱉었다.

"사실 이 모든 수법은 당신 스스로 해야 할 일을 두려워하거나 받아들이지 못하는 것에서 비롯돼요. 외부 요인의 어떤 압력 때문에 당신은 어쩔 수 없이 그 일을 해야만 해요. 머리로는 반드시 해야 할 일이라는 걸 알지만, 마음으로부터 하고 싶은 일은 아니죠. 그래서 이런저런 핑계를 대면서 일을 완성하지 못했을 때 닥쳐올 두려움 혹은 좋아하지 않는 일을 할 때의 괴로움을 미루려고 하는 거예요. 예를 들어 여자 친구 외에 다른 여자가 갑자기 매력적으로 느껴졌다고 해봅시다. 그래서 어쩌다 잠깐 만났는데 지금 여자 친구와의 관계를 정말로 끝내고 싶지는 않고, 여자 친구에게 상처를 주는 것은 더더욱 원치 않아요. 이때는 보통 여자 친구를 속이는 쪽을 택하게 됩니다. 들키면 다툴 게 뻔하잖아요. 지금의 여자 친구가 매우 소중한 사람이라 떠날 수 없지만, 바람을 피우고 싶은 욕구도 외면할 수 없으니 감정이 분산되어 여자 친구를 속이는 거죠. 또 한편으로는 지금 여자 친구가 매력이 부족하기 때문에 완전히 몰두하지 못하는 것일 수도 있어요. 스스로 아무리 합리화를 한대도 예쁜 것에 눈길이 가는 건 사람의 본능이잖아요?"

"저기, 난 여자거든요? 좀 나한테 어울리는 예를 들어줄 순 없어요?"

그녀는 영혼 없는 얼굴로 나를 흘겨보았다. 나는 짧게 한숨을 내쉬고 말을 이었다.

"마음이 분산되는 것은 사실 본능적으로 자신을 보호하려는 일종의 수단이고, 행복의 원칙이 작용하는 거예요. 즉 이렇게 하면 당신이 행복하지 않으니 방향을 바꾸어야 한다고 본능이 말해주는 거죠. 마음으로는 받아들이기가 대단히 힘들거나, 이미 질릴 대로 질린 일이라도 이성적으로는 그 일이 당신의 생존과 직결되고, 더할 나위 없이 중요하니까…."

가만히 듣고 있던 그녀가 돌연 길게 하품을 했다. 눈에 졸음이 가득 담겨 있었다. 나는 급기야 짜증이 확 솟구쳤다. 칠판에 요점을 적으면서 목에 핏대를 세워가며 수업하던 교사가 뒤돌아서 학생들을 보니 단체로 잠들어 있는 걸 보게 된 심정이랄까. 그러나 나는 신사니까, 신사답게 가만히 그녀를 응시하며 물었다.

"저기, 내 얘기가 좀 딱딱한가요?"

그 말을 듣자 그녀는 대번에 눈을 빛냈다.

"그래요! 엄청 딱딱해요! 안 그래도 그 말이 하고 싶었는데 차마 말을 못 했거든요. 근데 먼저 물어주니 얼마나 다행이야."

"아…."

"당신은 너무 말이 많아. 그냥 딱 말을 해요, 정신이 분산되는 걸 어떻게 고칠 수 있는지. 그렇게 이것저것 길게 떠들어대지 말고요."

"아, 알았어요. 가장 좋은 방법은 내면의 두려움을 뿌리 뽑는 거예요. 반드시 해야만 하는 일이라면, 반드시 해야만 하는 이유를 들어 그 일의 매력을 찾아보는 거죠. 우리에겐 본능 이외에도 자아와 초자아가 있으니, 원하기만 한다면 똥 덩어리에서도 감동할 만한 장점을 찾아낼 수 있거든요. 해야 할 일에 대한 열정을 주동적으로 자극하면 산만해지지 않을 거예요. 물론 도저히 하고 싶다는 마음이 일지 않는다면, 그건 항해의 방향을 바꾸어야 한다는 뜻이겠죠."

그녀는 또다시 길게 하품을 하더니 피곤하다는 표정을 지어 보였다. 나는 그녀를 향해 웃었다.

"여기까지. 이제 다 끝났어요. 정신이 분산되는 걸 막으려면 지금까지의 얘길 꼭 기억해야 해요."

그녀는 시큰둥한 얼굴로 툭 던졌다.

"그렇게 길어서야 귀신이나 기억하지. 자, 이렇게 하죠. 문제를 해결할 방법을 한마디로 줄여서 말해줘요. 한마디면 돼요. 그럼 기억할 수 있을지도 모르니까."

나는 고개를 끄덕이고 잠시 생각한 다음, 진지하게 말했다.

"내가 무슨 생각을 하고 있는지 정확히 알자. 절대로 나 자신을 속이지 말자."

그녀는 뭔가를 생각하는 듯하더니 이내 입을 열었다.

"됐네요. 그냥 안 고치고 말지."

그러고는 자리에서 일어났다. 두 걸음쯤 떼던 그녀는 고개를 돌려 나를 보며 사뭇 진지하게 말했다.

"나도 그쪽한테 해줘야 할 말이 하나 있는데요. 절대로 선생님 될 생각은 하지 말아요!"

"…"

중독 씨
그것을 통해 얻고 싶은 것은 무엇인가

그건 일종의 습관, 아니 어떤 의식인 것 같다.
습관이든 의식이든 모두 떠밀리듯 이루어지는 것.
중독은 스스로 등을 떠미는 행위다.
만약 내가 나를 멈출 수 있다면, 중독도 사라질까?

야외에서 산책을 하다 어떤 여자를 만났다. 청순하고 예쁜, 착한 여자처럼 보였지만 이해할 수 없는 행동을 하고 있었다.

그녀 앞에는 거름 구덩이와 물웅덩이가 있었다. 거름 구덩이에 가득한 거름은 지독한 냄새를 풍겼고, 물웅덩이에는 깨끗한 물이 차 있었다. 여자가 거름 구덩이 쪽으로 걸어가자 발이 엉망이 되었다. 그녀는 눈썹을 찌푸리더니 물웅덩이로 들어가 발을 깨끗이 씻었다. 그러고 나서 그녀는 다시 거름 구덩이로 걸어가 눈썹을 찌푸리고는 다시 물웅덩이로 들어가 발을 씻었다. 이런 식으로 두 개의 구덩이 사이를 왔다 갔다 하는 데 완전히 몰두하여 시간 가는 줄도 모르는 것 같았다.

멀찌감치 서 있던 나는 답답한 마음에 말을 걸었다.

"저기요, 지금 뭐 하세요?"

그녀는 나를 힐끗 보더니 대답했다.

"액막이 춤을 추는 거예요."

내가 영 모르겠다는 얼굴을 하자, 그녀가 웃으며 말했다.

"그건 농담이고요, 심각한 중독 상태를 표현하고 있는 거랍니다. 난 지금 이런저런 데에 중독됐거든요. 담배, 술, 커피, 실연…."

"잠깐만요." 나는 그녀의 말을 끊었다. "실연 중독이라는 것도 있어요?"

"아, 난 실연을 무척 즐겨요. 이별하는 순간의 슬픔과 고통이 굉장히 매력적이라서요."

"그게 왜 매력적이죠?" 내가 물었다.

"음, 슬픔에 빠져 있는 순간엔 삶의 깊이가 유별나게 느껴지거든요. 인생도 그렇게 무미건조해 보이지 않고." 그녀는 거름 구덩이에서 걸어 나와 물웅덩이로 가 발을 씻으며 말을 이었다. "마치 내가 거름 구덩이에 발을 넣지 못해 안달하는 것처럼요."

"거름 구덩이도 삶의 깊이를 유별나게 해주나요?"

나는 의아했다. 그녀는 나를 흘겨보았다.

"저기요, 난 지금 비유를 하고 있는 거잖아요. 어떤 중독은 끊어버리고 싶기도 해요. 예를 들면 줄담배를 피운다든가, 시도 때도 없이 절망에 빠지게 하는 어떤 감정들을 느낀다든가 하는 것들요. 나쁘다는 걸 알고 있지만 난 그 순간의 감정을 즐겨요. 이성적으로는 거름 구덩이라고 생각하지만 감정적으로는 보물같이 느껴지죠. 거름 구덩이는 큰 의미가 없지만, 보물이라고 느껴지면 의미가 생기죠."

"아, 그러니까 보물은 계속 즐기고 싶은데 거름 구덩이는 끊기를 원하는 거죠?"

"맞아요. 더 정확히 말하면 중독의 고통은 빼버리고 쾌감만 즐기고 싶어요. 이런 생각을 하는 건 말이 좀 안 되겠죠? 암튼 중독을 끊고 싶은데 쉽지가 않네요."

"끊는 게 어려운 건 확실하지만 완전히 불가능한 것도 아니에요."

내가 말했다. "자신이 어째서 그런 것들에 중독되었는지 생각해본 적 있어요?"

"당연하죠." 그녀는 가방 안에 손을 집어넣고 한참을 뒤지더니, 담배 한 개비를 꺼내 불을 붙이고는 한 모금 깊이 빨아들였다. "이 담배의 경우엔, 처음 피우기 시작했을 때 한 번에 적어도 두 개비씩은 피워야겠다고 강박적으로 생각했어요. 또 커피는, 아침마다 한 잔씩 강박적으로 마셔야 했고요. 당신이 이 강박이라는 단어에 주목했을지 모르겠는데, 맞아요, 이건 심리적인 강박이에요. 마치 그렇게 하지 않으면 다음 일을 할 수 없을 것 같은 기분이 들거든요."

"일종의 의식 같은 거네요?"

"맞아요, 맞아. 바로 그거예요. 의식 같은 기분. 마치 새해를 맞을 때면 폭죽을 터뜨리고 종을 울리는 것처럼요. 그래야 제대로 한 해를 맞이하는 듯한 기분이 들죠."

"그런 의식을 치르는 것이 구체적으로 어떤 역할을 한다고 생각해요?"

"아무래도 나 자신에게 주는 심리적 암시라는 부분이 크겠죠. 이런 암시를 통해 좀더 나은 상황에 돌입하도록 할 수 있거든요. 이를테면 이른 아침의 커피 한잔은 하루의 시작을 의미하고, 난 그때부터 하루의 끝을 향해 달리죠. 담배를 피우는 건 어떤 일을 좀더 또렷하게 사고할 거란 뜻이에요. 정말로 그럴지는 몰라도."

"그렇다면 의식이란 일종의 신호탄 같은 거군요. 신호탄이 울려야 정상적으로 나아갈 수 있는 거고. 그게 없으면 나아갈 힘을 잃는 거고. 맞나요?"

내 말에 그녀는 곰곰이 생각하더니 대답했다.

"그렇게 이해할 수도 있겠네요. 실은 그게 없어도 일을 할 수는 있지만 집중하기가 어려워요. 굉장히 중요한 뭔가가 빠진 것 같은 기분이 들어서 마음이 불안하고 초조해지고, 심하면 어쩔 줄을 모르게 되거든요. 효율이 뚝 떨어지죠. 하지만 그런 습관들을 계속 이어가면 분명히 몸이 상할 거예요."

나는 고개를 끄덕였다.

"그럼 어째서 그런 행동을 계속하는 거예요? 그러니까 내 말은, 완벽히 무해한 것들을 고를 수도 있잖아요. 물을 한잔 마신다거나 견과류를 먹는다거나. 해가 없고 독성도 없고 또 환경친화적인 것들도 많은데."

그녀는 흠칫 놀라더니 잠시 생각하다가, 담뱃갑을 들어 보이며 눈을 가늘게 떴다.

"알겠지만 흡연은 어른들의 세계를 상징하잖아요. 내가 담배를 피우기 시작한 건 어른처럼 고민하고 싶었기 때문이기도 했어요. 견과류? 그게 어른들의 세계를 상징할 수 있나요?"

"그렇지는 않겠죠." 내가 대답했다. "하지만 '어른들의 세계'라고 말하는 건 이미 자신이 어른이 되었다는 걸 스스로 인정하지 않는 것 아닌가요? 혹은 아직 어른이 될 자격이 충분치 않다고 생각해서 외부의 힘을 빌려야 한다고 여기는 건가요?"

그녀는 침묵하더니 담배를 비벼 껐다.

"어쩌면 당신 말이 맞을지도 몰라요. 내가 이러는 건 본질적으로 나 자신의 힘이 부족하기 때문일지도 모르죠."

"다시 한 번 생각해봐요. 만약 그런 행동들을 하지 않는다면 어떤 기분이 들까요?"

내가 물었다.

"허전하겠죠."

"어떻게요?"

"마치 내면의 한구석이 무너진 것처럼, 중독된 것들이 그곳을 채워주기만을 바랄 거예요. 채워지지 않으면 몹시 불안할 거고."

"그러니까, 단순히 의식을 치러야 한다는 생각 때문에 중독되는 게 아니군요. 본질적으로는 허전한 마음 때문에 그런 거네요?"

"맞아요. 허전한 마음."

"그럼, 다른 쪽으로 생각해보죠. 마음이 허전한 이유가 정말로 담배를 피우지 못했기 때문인가요? 술을 마시지 못해서? 커피가 없어서? 실연당하지 않아서? 아니면 또 다른 어떤 이유 때문에?"

그녀는 얼른 대답을 하지 않고 다시 담배 한 개비를 꺼내 세련된 동작으로 불을 붙였다.

"아뇨. 그런 것들이 상징하는 것 때문이에요. 난 어른답지도 지혜롭지도 못해서, 담배나 술로 그 틈을 메우려고 하죠. 그러지 않으면 나 자신이 아무런 깊이도 없는 사람 같아서요. 또 고상한 삶에 대한 감각도 부족해서 커피나 와인을 마시며 억지로 허세를 부려 부족한 감각을 채워 넣으려 하고요. 삶을 고찰할 능력도 없고 그렇게 할 줄도 몰라서 고통을 겪어야 한다고 생각했죠. 그렇게 해야 깊이 생각할 수 있는 줄 알았으니까요. 실연을 당해 하소연하거나, 세상을 한탄하거나 하는 것 말이죠. 그러니까 나는 좀더 지혜롭고, 깊이 있고, 고상한 사람이 되고 싶어서 나도 모르는 사이에 스스로 규칙을 만들고 그걸 강박적으로 따르려 한 거예요."

말을 마친 그녀가 나를 바라보았다. 나는 틈을 주지 않고 또 물었다.

"그럼 이 문제를 해결하려면 어떻게 해야 한다고 생각하나요?"

그녀는 곰곰이 생각하며 말했다.

"내게 부족한 것들을 진정으로 돌이켜보고, 그것들이 내 마음속에서 자라나 허전한 마음의 공간을 메우도록 해야 해요. 안이 채워져야 그것이 밖으로도 드러나잖아요. 그러면 물웅덩이에만 머물러도 보물을 얻을 수 있어요."

"솔직하게 말해줘서 고마워요. 반성해준 것도 고맙고."

내 말에 그녀도 방긋 웃으며 화답했다.

"천만에요. 다그쳐줘서 내가 더 고마운걸요."

"그럼 이제 거름 구덩이는 메워버려도 되겠군요?"

아직도 냄새를 피우고 있는 거름 구덩이를 보며 내가 말했다.

"그럴 것 같아요."

그녀는 거름 구덩이에서 걸어 나와 웅덩이의 깨끗한 물에 발을 씻은 다음, 삽으로 흙을 떠서 거름 구덩이를 메웠다. 삽을 내려놓은 그녀는 담배를 한 모금 깊이 빨아들이더니 말했다.

"안녕, 거름 구덩이 씨."

나는 그녀를 바라보다가, 다시 그녀의 담배를 바라보았다.

"거름 구덩이도 메웠는데 어째서 아직도 담배를 피워요? 지금은 또 무슨 의미죠?"

그녀는 당황한 얼굴이었으나 습관처럼 또 한 모금을 빨아들였다.

"이건 말은 쉬워도 실천은 어렵다는 의미예요."

나는 잠시 그대로 있다가 말했다.

"맞아요. 중독은 내면의 결함을 메우려는 행위이고, 또 내면의 결함이 외부로 표출되는 것이기도 해요. 내면의 빈 공간은 당신을 광인처럼 만들어 특정 물건에서 끊임없이 미친 듯이 심리적 지지를 끄집어내려 하죠. 그러니까 거기에 대항하려면 그에 못지않게 미친 듯이 노력해야 해요."

"나도 그렇게 생각해요. 미친 듯이 노력해서 중독에 맞설게요."

그녀가 고개를 끄덕였다. 나는 못 미더운 얼굴로 그녀를 바라보며 아무런 말도 하지 않았다. 그녀는 또 한 번 놀란 얼굴을 하더니, 문득 깨달은 듯 미안하다고 말하며 입으로 가져가려던 담배를 거칠게 비벼 껐다.

이별 씨

헤어지고 나서 친구가 되자는데, 이거 말이 돼?

나는 어정쩡하게 끊어지는 것이 싫다.
갈 수도 없고 머물 수도 없게 되니까.
그러나 사람의 마음이란 무척이나 복잡해서
흑백을 나누듯 간단하게 선을 긋지 못한다.
그래서 나는 별수 없이 중간 지대를 거쳐야 한다.

이별 씨는 무척 예쁜 여자였는데, 가장 자신 있는 것이 이별이라고 했다. 감정이 더는 지속되지 않을 때면 어김없이 그녀가 나타나 미련 없이 칼을 휘둘러 관계를 싹둑 끊어버린다. 그러고는 피가 흐르는 상처를 바라보며 담담하게 미소 짓는다. 그런 그녀가 놀랍게도 최근 연애 문제로 난처한 상황에 처했다고 한다. 그녀를 곤혹스럽게 하는 문제는 바로 이것이었다.

'전 남자 친구에게 새 여자가 생겼는데, 나랑 계속 친구로 지내고 싶대. 헤어진 후에 친구가 된다는 게 말이 돼? 이상하지?'

도저히 남자를 이해할 수 없었던 그녀는 나를 찾아왔다. 나는 그것이 놀랍고도 기뻤다. 수많은 어리석은 남녀를 괴롭히는 문제이니만큼, 반드시 짚고 넘어갈 필요가 있었다.

동기론적 측면에서 보자면 사람이 어떤 행위를 할 때는 반드시 배후에 동기가 있기 마련이다. 동기란 무엇일까? 필요다. 그럼 필요는 무엇일까? 물론 결핍이다. 결핍하기 때문에 필요하고, 필요하기 때문에 손에 넣으려 하는 것이다.

이별은 이별이 필요하기 때문에 이루어진다. 헤어졌다는 것은 두 사람이 이미 서로의 심리적 욕구에 부합하지 못한다는 뜻이다. 자상한 남자인 줄 알고 만났다고 가정해보자. 그런데 알고 보니 어린아이 같아 오히려 보살핌이 필요한 사람이라는 것을 깨달았다. 보살핌을 받고 싶어 하는 두 사람이 만났으니 심리적으로 충돌하기 마련이고, 충돌의 결과는 쌍방의 상처뿐이다. 보살핌을 받아야 하는 유형의 사람을 반대로 만들려니 일단은 자신의 욕구를 만족시킬 수 없고, 그 과정 또한 힘겹기만 하다. 그렇게 두 사람 사이에는 분노와 원망과 갈등이 생겨나고, 결국 이별이 최선의 선택이 된다.

그런데 친구 관계는 그에 맞는 욕구를 기반으로 한다. 보살핌을 원하는 두 사람이 결국 헤어졌더라도 취미와 취향이 같다면 그것을 공유하고자 하는 욕구 때문에 계속해서 접촉하게 된다. 그러니까 그들이 연인이 될 수 없었던 것은 연인에게 바라는 욕구를 서로 충족시키지 못했기 때문이고, 친구가 될 수 있는 것은 친구에게 기대하는 욕구를 서로 만족시킬 수 있기 때문이다. 여기에는 잠재적 위험 요소가 한 가지 있는데, 서로가 생리적인 욕구의 충족을 필요로 할 경우다. 이때는 계속해서 친구 관계를 이어가다가 어느 순간부터 상대가 성적인 대상으로 변할 수 있다. 많은 사람이 이 때문에 예전 연인과 우정의 관계로 전환하는 것을 우려한다.

욕구의 실체는 상호 간에 완전히 끊어지지 않은 감정이자 심리적인 욕구이기도 하다. 생리적 욕구도 결국은 심리에 속한다고 볼 수 있다. 연인에서 친구로 전환한 후의 상황에 대해서는 두 가지 시나리오를 예로 들 수 있다.

하나는 관계가 지속되지 못하고 결국 끝나는 것이다. 그 원인은 두 사람의 주요 사고방식 때문이다. 이러한 관념은 일반적으로 바꿔기가 매우 어렵다. 사고방식의 충돌로 갈등을 반복하다 보면 감정이 옅어지고, 둘 사이의 매력 역시 점차 감소하거나 사라진다. 이에 따라 정신적, 육체적 결속이 느슨해지면서 관계도 자연스레 식어버리는 것이다.

다른 하나는 재결합을 하는 것이다. 다시 만난 두 사람이 이전에 관계가 지속되지 못하도록 했던 갈등을 해결할 경우 감정이 되살아나 재결합이 이루어진다. 친구로 몇 년 동안을 지내면서, 두 사람 가운데 한쪽이 보살핌에 대한 욕구를 충족하고 정반대의 유형이 된다면 어떨까? 두 사람이 친구로 지낸다 하더라도 서로가 가장 이상적인 사람이라는 사실을 알게 되고, 그럼 다시 연인이 될 수 있다.

당신은 당신의 전 애인과 계속해서 친구로 지내고 싶은 걸까? 이를 판단하기 위해 두 가지를 생각해보자.

첫째, 이성적 사고를 하는 사람과 감성적 사고에 치우친 사람의 차이점부터 이해하자. 감성적인 사람은 자신의 감정에 사로잡히기 쉽다. 과거에 자주 했던 일을 계속해서 하려 하는데, 이때 자신의 생각을 거의 숨기지 않는다. 예를 들어 예전 연인에게 육체적인 욕구가 남아 있다면, 상대방과 만났을 때 노골적으로 성적인 암시를 할 수 있다. 감성적인 사람은 내면에서 솟아나는 진실한 감정의 부름에 따르기 때문에 욕망을 상대적으로 솔직하게 표현한다.

반면 이성적인 사람은 자신의 목적과 사회규범에 얽매인다. 그 결과, 내면의 진정한 욕구와 정반대로 행동함으로써 자신의 고고한 이미지를 유지하려고 하는 경우가 생긴다. 심리학에서 말하는 '반심리학(reverse psychology)'이 이것이다. 예를 들어 마음속으로는 육체적인 관계를 무척이나 원하면서도 도덕과 사회규범에 어긋나는 행동을 하게 될까 두려워 이렇게 말한다. "그냥 이야기만 하는 거야. 절대 딴짓할 생각 마", "너랑 나는 단순히 그냥 만나는 것뿐이야. 추호도 너한테 딴마음 없어", "나 결혼했잖아. 그냥 너랑 옛날얘기나 하고 싶어서 그래" 등. 그런데 이런 말들은 보통 상대방이 아무런 암시나 언질도 주지 않은 상황에서 튀어나온다. '여기에 은 삼백 냥 없음(어리석은 남자가 땅에 은 삼백 냥을 묻어두고 불안하여 팻말을 세워두었다는 고사를 인용한 것-옮긴이)'과 똑같은 것이다.

둘째, 당신의 진짜 생각을 자세히 들여다보자. 만약 나의 솔직한 마음을 백 번쯤 뒤져보니, 서로 사귈 때부터 상대에게 원했던 것들이 친구 쪽에 가까웠다면 상관없다. 그러나 만약 아직 감정이 남은 것이라면, 전 애인과 현재 만나는 사람을 찢어놓을 준비를 해야 하지 않을까? 이렇게 생각하는 사람도 있다. '내가 아직 마음을 정리하지 못한 거면 어쩌지?', '계속해서 만나다가 역시 우리 둘은 서로에게 가장 잘 어울린다는 걸 깨달으면 어쩌지?' 이럴 때는 상대방에게 가장 잘 어울리는 사람이 정말로 당신 하나뿐인지 다시 살펴보자. 상대의 현재 애인이 그에게 맞지 않는다면 두 사람은 금방 헤어질 것이다. 그러나 그렇지 않다면 삼각관계가 빚어질 것이고, 그는 미안해서 정리하지 못하겠다는 등 갖은 핑계를 대면서 현재 애인과의 관계를 유지하려 할 것이다.

이성적이든 감성적이든, 결국은 내면의 감정에 따르게 되어 있다. 표현 방식이야 어떻든 마음이 원하는 것이야말로 진실이기 때문이다. 설령 상대방이 정말로 현재 애인을 탐탁지 않게 생각한다 해도, 그 사람과 헤어질 경우 겪게 될 도덕적·사회적 압력이 당신과 재결합하려는 욕구보다 크다면 그에게는 사랑이 최우선이 아니라는 뜻이다. 이때 이것을 받아들일 수 있을지 자문해보자. 사랑하는 사람과 함께하는 삶은 어쨌거나 즐거워지기 위한 것이니까.

이렇게 걱정하는 사람도 있을 수 있다. 우연히 마주친 그 사람과 반드시 함께해야 할 것 같은데, 그는 현재 애인을 떠날 수 없다고 한다면 어떻게 할까? 그렇다면 나 또한 직설적으로 말해줄 수밖에 없다. 그냥 한동안 만나보시라. 그러면 자연히 해답을 얻게 될 테니.

감정이란 한마디로 욕구 불만이다. 욕구란, 얻고 싶은 대상에 대한 아름다운 상상이다. 그러나 제아무리 아름다운 상상이라도 긴 시간 현실과 부대끼며 깨어지면, 싫은 마음만 남게 된다. 이 세상에 당신의 욕망을 채워줄 사람이 한 명밖에 없는 건 아니다. 늘 누군가가 적당한 시기에 당신을 기다리고 있을 테니, 지나치게 조급해하지 마시길.

비굴 씨

이렇게 조금씩, 비굴해지는 것

나는 외부의 사물들이 나를 움직이는 줄 알았다.
그러나 나를 움직이는 것은 내가 쏟은 노력이라는 것을, 나중에 가서야 알게 됐다.
나는 노력한 만큼의 보답이 돌아오길 갈망한다.
그것을 얻지 못하면 계속해서 바라고 계속해서 노력한다.
다만 이러한 순환이 가져오는 유일한 효과는,
갈수록 스스로를 멸시하고 천대하게 된다는 것뿐이다.

비굴 씨는 내가 본 청년 중 가장 '루저'라고 할 만했다.

그날 그는 몸 전체로 절망의 기운을 뿜으며 내 앞으로 걸어왔다. 고개를 떨어뜨리고 앉은 채 한참을 아무 말도 하지 않았는데, 그 모습이 마치 소금간을 세게 해서 완전히 절여진 파김치 같았다. 십 분쯤 지나자, 내내 미동도 하지 않던 그가 드디어 몸을 움직였다. 천천히 오른쪽 집게손가락을 들어 이마를 가린, 멋대로 엉킨 머리카락을 가볍게 걷어내고는 작고 흐리멍덩한 눈으로 나를 비스듬히 올려다보았다.

나는 그 모습이 무척 우습다고 생각했지만 곧 웃고 싶은 생각이 싹 사라졌다. 언뜻 우스워 보이는 눈빛 뒤에 슬픔과 열등감이 선명하게 떠올라 나를 짓누르는 것을 느꼈기 때문이다. 나는 부끄러워지려는 마음을 얼른 수습하고 그를 향해 차분하게 미소 지었다. 그는 어떤 변화도 없는 표정으로 물끄러미 나를 바라보기만 했다. 마치 무언가를 확인하려는 듯이.

그가 찾으려는 것이 무엇인지 알 것 같아, 나는 계속 침묵하기로 했다. 이따금 고개를 들어 잔잔한 눈으로 그를 마주 보기도 하고, 곁에 있는 책을 뒤적이기도 하면서.

대략 이 분쯤 후, 그가 드디어 처음으로 입을 뗐다.

"사람들이 어째서 비굴해지는지, 알아요?"

대화의 시작치고는 무척이나 의외였다.

"당신은 어떻게 생각하는데요?"

나는 고개를 들어 그를 바라보며 담담하게 물었다. 그는 얼른 대답하지 않았다. 다시 고개를 숙이고 아까의 자세로 돌아가더니 양손을 꼭 붙잡고는 꼼지락댔다. 손등에 불거진 푸른 정맥이 또렷하게 보였다. 나는 계속해서 기다렸다.

또다시 일 분가량이 흐른 후 긴 머리카락 너머에서 기어들어가는 목소리가 흘러나왔다.

"저는요, 제가 바로 그 비굴한 사람 같아요⋯."

"왜 그런 말을 하죠?"

그는 대답하지 않았다. 양어깨가 미미하게 떨리기 시작하더니, 곧 두 손을 들어 얼굴을 가리고 울었다. 나는 아무 말도 하지 않고 티슈 상자를 건넸다. 그가 흐느끼는 와중에 시간은 천천히 흘렀다.

한 시간쯤 후, 그는 내게 사과하고는 마르고 길쭉한 몸을 이끌고 사라져버렸다.

그가 떠나고 며칠 동안 나는 그날의 대화를 계속해서 곱씹었다. '사람들이 어째서 비굴해지는지, 알아요?', '저는요, 제가 바로 그 비굴한 사람 같아요⋯.' 그가 했던 말들이 자꾸만 머릿속을 맴돌았다. 나는 그가 저런 상태에 놓인 원인에 대해 여러 가지 가설을 세워보았다. 무엇이 한 남자의 자존감을 완전히 바닥에 떨어뜨리고, 스스로 비굴하다고 인정하게 했을까?

이후 몇 차례 그를 다시 만났고, 그가 자기 이야기를 조금씩 들려주었다. 알고 보니 그 또한 '사랑에 상처받은 유형'이었다.

이 년 전 그는 어떤 여자에게 첫눈에 반했다. 그녀의 모든 것이 그가 기대하던 연인의 조건에 딱 들어맞았고, 그는 그녀와 함께할 아름다운 시간을 꿈꾸기 시작했다. 그러나 현실 속에서 그는 비교적 내성적이고 수동적인 사람이라, 친한 친구에게만 마음을 털어놓았을 뿐 당사자에게 직접 고백하지는 못했다. 친구는 그런 그를 한심하다는 듯 바라보더니 직접 부딪쳐보라고 조언해주었다. 친구의 응원과 조언에 힘입어 그는 드디어 용기를 내어 여자에게 고백했다. 하지만 상황은 그가 상상했던 것처럼 아름답게 흘러가지 않았다. 그녀가 고백을 직접적으로 거절하지도, 그렇다고 받아들이지도 않았던 것이다.

친구는 그에게 말했다. 여자가 그렇게 나오는 것은 기회가 있다는 뜻이니 계속해서 잘해주면 틀림없이 문제없을 것이라고. 그는 친구의 말을 철석같이 믿었고, 그때부터 '구걸식 사랑'이 시작되었다. 그의 표현을 빌리자면, 그녀와의 관계 전반에 걸쳐 그는 그야말로 거지처럼 굴었다고 했다. 그녀는 그가 자신이 원하는 기준에 완전히 부합하지는 않는다며 'XXX한' 남자가 좋다고 했는데, XXX한 남자는 사실 그와는 거의 정반대의 유형이었다. 그는 몹시 풀이 죽었지만 마음속 깊은 곳에서는 오기가 일었다. '한번 쏜 화살은 되돌아오지 않는 법.' 그녀의 오만함은 그의 정복욕을 자극해 갈망에 불을 질렀다.

그렇다면, 그녀를 정복하기 위한 그의 방식은 어땠을까? 바로 최선을 다해 그녀가 원하는 다음과 같은 남자가 되는 것이었다.

1. 무조건 잘해주고, 그녀의 말은 뭐든 들을 것

2. 부드럽게만 행동하지 말고 남자다운 맛이 있을 것

3. 축구를 할 것

4. 농구를 할 것

5. 달변가가 될 것

6. 돈을 많이 벌 것

7. 로맨틱할 것

8. 다양한 친구를 사귈 것….

응석받이로 자랐고 사교적이지도 못한 데다 내성적인 성격의 그에게는 실로 지나친 요구 조건이었다. 그러나 이미 그녀에게 깊이 빠져버린 그는 그녀를 위해 변하고 싶었다고 했다.

변한 결과, 어떻게 되었을까? 그는 매일같이 힘겨운 나날을 보내야 했다. 그녀가 언제 떠날지 모른다는 걱정 속에 살면서, 그녀가 XXX해 보이는 남자와 대화라도 할라치면 미친 듯이 질투가 일어 심한 말다툼을 하기도 했다. 하지만 매번 싸우고 나면 반드시 그가 먼저 '비굴하게' 나서서 화해하곤 했다. 그녀가 화를 내며 수도 없이 헤어지자고 했지만 그는 수도 없이 '사정사정해가며', '자존심도 내팽개치고' 그녀를 달랬다.

그때 그는 이미 존엄을 완전히 상실한 상태였다. 자신은 좋아하는 여자가 바라는 것 하나 들어주지 못하는, 아무짝에도 쓸모없는 존재라고 생각했다. 노예 아니면 버려진 고물처럼 여겨졌다. 그가 간신히 지켜온 사랑은 결국 일 년 후 완전히 끝이 나고 말았다. 기어이 다른 남자가 그녀를 '채갔고', 이후로는 소식조차 알 수 없었다.

이후로 그는 자포자기 상태가 되어 일도 그만두고, 매일 술과 담배에 찌들어 살기 시작했다. 그는 이제 만나는 모든 사람에게 완전히 비굴하게 굴었다.

여기서 한번 되짚어보자. 그는 정말로 자신이 생각하는 것처럼 그녀를 사랑한 걸까?

서로를 신뢰하기 시작한 후, 나는 그와 함께 내면을 자세히 들여다봤다. 그는 그녀와 깊이 사귀기 전부터 이미 그녀를 사랑했다고 했다. 그녀의 외모와 분위기가 자신이 좋아하는 유형이었다. 예쁘고 상냥하고 상대의 뜻을 잘 헤아리는 소녀 같았던 것이다. 그러나 본격적으로 교제를 시작하고 보니, 그녀의 실체는 사실 오만하고 포악한 데다 허영심이 넘치는 여자였다.

그런데도 어째서 그는 끝까지 그녀를 원했을까? 그것은 정복욕

177

때문이었고, 상처받은 직후의 복수심 때문이었으며, '노력한 만큼 돌아오지 않는 보답'을 못마땅히 여기는 마음 때문이었다. 그래서 그는 그녀에게 '지독한 미련'을 품게 된 것이다.

그는 깊은 악순환에 빠져 있었다. '노력-부정당함-못마땅함-자신을 바꾸기 위해 다시 노력-스스로 비굴하다고 생각하여 제대로 바꾸지 못함-부정당함-계속해서 자신을 다그쳐 다시 노력-다시 부정당함…' 이 과정을 되풀이할 때마다 '나는 비굴하다'는 생각이 점차 굳어졌고, 시간이 흐르면서 조금씩 더 비굴한 사람이 되어갔다. 그리고 여자 친구로부터 버림받았을 때 그는 더할 수 없이 커다란 고통을 겪었다.

"내가 미쳤다고 생각하죠? 도대체 이해할 수가 없다고."

비굴 씨는 스스로를 비웃듯 내게 물었다.

"그렇지는 않아요. 실제로 사랑이라는 것 때문에 미치는 사람들이 적지 않으니까." 나는 다독이듯 말했다. "비슷한 비극이 거의 매일 일어나요. 정복욕은 인간의 본능 가운데서도 지나치게 큰 것이거든요. 그래서 비현실적인 목표 때문에 못마땅해하고, 또 뜻대로 되지 않는 상황을 참지 못하죠. 이런 감정이 사실을 제대로 볼 수 없도록 눈을 가리기 때문에 평정심을 잃고 자기 자신을 잃어 스스로 상처를 내는 거예요."

"자신에게 벌 받을 짓을 하는 셈인가요?"

그가 차분한 목소리로 물었다.

"그런 셈 아닐까요?"

내 말에 그가 얼른 되물었다.

"사람은 누구나 그렇죠?"

나도 얼른 되물었다.

"그쪽 생각은 어떤데요?"

그는 입을 다문 채 아무런 말도 하지 않았다. 잠시 후 고개를 돌려 창밖을 한 번 바라보더니, 자리에서 일어나 문쪽으로 걸어갔다. 가는 길에 그는 내내 들고 있던 술병을 쓰레기통에 버렸다.

구애 씨

내게 사랑할 자격이 있을까

진정한 사랑은 아름답지만 내게는 너무나 멀리 있다.
저 하늘에 떠 있는 가장 아름다운 별처럼. 그건 아마도
내 비루한 현실 속의 사랑 따위와는 비교조차 안 될 만큼,
아주 멋지겠지.

그녀 이름은 구애 씨였다. 지금까지 단 한 번도 진정한 사랑을 받아본 적이 없어서 스스로 그런 이름을 붙였다고 했다.

그녀가 내게 던진 첫 번째 질문은 이랬다.

"어떤 여자에게 사랑할 자격이 있는 건가요?"

두 번째 질문은 이랬다.

"어떤 남자에게 사랑할 자격이 있는 건가요?"

사실, 이런 질문은 대답하기가 좀 곤란하다. 그런 걸 묻는 이들은 꼭 사랑을 얻지 못해 심기가 틀어진 사람들이니까. 나는 사랑이란 인연에 따른 것이라 자격이 있고 없고를 논할 수 없다고 생각한다. 오는 사람 막지 않고 가는 사람 잡지 않는다는 것이 사랑에 대한 나의 일관적인 태도였다. 그러나 이것은 지극히 개인적인 관점일 뿐이다. 사실 보기에 따라서는 '사랑할 자격'이라는 것이 정말로 존재할 수도 있다.

비단 사랑뿐만이 아니다. 우리가 얻고 싶어 하는 모든 것이 그렇다. '얻고 싶다'는 생각이 들면 '얻을 수 있다'와 '얻을 수 없다'라는 문제가 자연스레 생기기 마련이기 때문이다. 이때 얻을 수 있다면 그럴 만한 능력이 있다는 뜻이니 자격도 있다는 것이다. 얻을 수 없다면 힘이 닿지 않는다는 뜻이니 자격이 없다는 의미가 된다. 그러니 자격이란 우리의 키를 재는 자와 같다.

모든 사물은 고유의 코드를 지닌다. 사물과 사물 사이의 연결은 곧 두 코드의 만남이다. 개미가 코끼리를 사랑한다면, 생리적인 코드가 맞지 않는다. 정신적으로도 어울리기 힘들 것이다. 왜냐하면 생각은 바깥으로 표출되기 마련이라, 같은 세계에 속하는지 아닌지는 척 봐도 알 수 있기 때문이다.

그렇다면 개미는 코끼리를 사랑할 가능성이 없는 걸까? 물론 그렇지 않다. 왜? 사랑은 내면의 결함에 뿌리를 두고 있으니까. 그 사람이 나타나는 순간, 당신은 갑자기 눈앞이 환하게 밝아지고 가슴이 간질간질하면서 미치도록 그리워진다. 가까이 다가가 그 사람을 자신의 것으로 만들고 싶다는 생각이 든다. 이런 감정을 자세히 들여다보자. 마치 그 사람을 오랫동안 갈망하다 드디어 만난 것 같은 기분 아닌가?

만약 개미가 동물의 세계를 제대로 바라볼 수 있다면 너무나 작은 자신의 체구에 열등감을 가질 것이고, 크고 강한 육체를 동경할 수밖에 없을 것이다. 이런 갈망은 한번 형성되면 좀체 사라지지 않는다. 도리어 시간이 흐를수록 점차 덩치가 커지고, 일종의 자기 결함이라는 심리적 성향으로 발전한다. 이때 코끼리가 나타나면 개미의 마음이 확 쏠리는 것이다.

심리적 결함은 음양의 개념으로 이해할 수도 있다. 자연 속의 동식물이든 인공적으로 만든 물건이든, 세상의 모든 사물은 음양의 법칙을 따른다. 볼트와 너트, 베어링과 회전축, 안구와 안와 등이 모두 그렇다. 볼록한 곳과 오목한 곳이 하나로 합쳐져야 비로소 완전해진다. 어느 한쪽만 모여 있다면 온전한 전체를 이룰 수 없다. 그렇다면 볼록한 것과 오목한 것을 잡히는 대로 골라 짝을 맞추면 되지 않을까? 물론 그렇지 않다. 소재와 크기가 맞지 않으면 완벽히 결합할 수 없다.

남자와 여자도 이와 마찬가지다. 남녀가 서로의 결함을 딱 맞게 메워주고 몸과 마음을 결합할 때 비로소 완전한 존재가 탄생한다. 그래야 그 사랑이 달콤해지고, 그렇게 탄생한 가정도 화목하고 건강할 수 있다.

세상의 모든 남녀는 사랑할 자격을 가지고 있다. 만약 그렇지 않다고 생각한다면, 그것은 아직 당신의 코드와 딱 맞는 사람을 만나지 못했다는 뜻이다. 바꿔 말하면 당신의 내면에 부족한 그곳을 메워줄, 적당한 부품을 찾지 못했다는 의미이기도 하다.

어떤 여자들은 늘 툴툴댄다.

"난 늘 안 어울리는 남자만 만나. 내가 좋아하는 남자는 잡을 수가 없고, 날 좋아하는 남자들은 눈에 안 차고. 아니면 처음엔 굉장히 좋다가도 사귀고 보면 문제투성이라 헤어지게 되고. 너무나 만족스럽고 같이 있으면 참 좋은 남자는 어느 날 갑자기 날 떠나버리고…"

이런 상황이 빚어지는 것은 아직 자기 내면의 결함이 무엇인지 제대로 알지 못하기 때문이다. 그렇다면 어떻게 알 수 있을까? 먼저 어린 시절과 가정환경에서부터 시작하길 바란다. 내면의 결함은 보통 가정에서 받은 상처와 관련된 경우가 많기 때문이다.

완벽한 사람이란 없는 법이니 완벽한 부모도 있을 수 없다. 아무리 훌륭한 부모라도 미처 생각지 못하는 사이 자신의 결점과 내면의 두려움을 드러내기 마련이고, 이것이 아이에게 옮아갈 수 있다. 이를테면 딸을 지나치게 예뻐하는 아버지를 둔 여자는 남자에게 너무 많은 것을 바라게 된다. 마음 깊은 곳에 남자는 응당 여자의 요구를 무조건 만족시켜야 한다는 생각이 있기 때문이다. 실제로는 그렇지 않다는 것을 받아들이기가 어렵기 때문에 아버지처럼 자신을 무조건 예뻐해 줄 남자를 찾게 된다. 어려서의 환경이 그녀에게 결함 하나를 만든 것이다. 만약 운이 좋아 '딸 같은 여자'를 원하는 남자를 만나게 된다면, 두 사람은 서로의 결함을 완벽히 채울 수 있고 심리적으로도 음양의 조화가 이루어져 사랑이 오래 지속될 것이다.

물론 모든 사람의 내면은 계속 성장하기에, 그런 사랑을 끝낼 때가 오기도 한다. 진정한 어른이 되어 미숙했던 마음이 성숙해지고, 더는 아버지 같은 남편이 필요치 않게 되는 때가 그 시기다. 그렇다고 해서 두 사람의 사랑이 진실하지 않았다는 의미는 결코 아니며, 그들의 영혼이 자라 한층 성숙해졌다는 뜻이다. 이 단계에 남편 또한 성숙해져 더는 딸 같은 아내가 필요치 않게 된다면, 두 사람의 사랑은 계속해서 이어질 것이다.

그러므로 '나에겐 사랑할 자격이 없는 걸까?', '내게는 대체 어떤 사랑이 어울릴까?', '우리는 어떻게 결혼을 유지해야 할까?' 등의 질문에 답을 찾으려면, 먼저 자신을 폭넓게 이해해야 한다. 자신의 내면이 원하는 것을 훤히 파악할 수 있다면 당신의 사랑이 어디에 있는지도 자연스레 알 수 있다. 상대방의 결함을 메워줄 수 있을 때, 당신 또한 최고의 자격을 갖춘 배우자가 되는 것이다.

오해 씨

날 그만 좀 오해해줄래?

넌 왜 매번 내 뜻을 오해하는 거야?
내 말을 왜 그렇게 못 알아듣니?

오해 씨는 예쁘게 생긴 여자였다. 행동거지가 얌전하고 차분해 보이는 것이 무척 여성스러운 분위기를 풍겼다. 이제까지 경험으로 보아 이런 여자들은 남자들로부터 인기가 많기 마련인데, 놀랍게도 그녀는 남자들이 자신을 좋아하지 않아서 나를 찾아온 것이라고 했다. 그녀는 몹시 억울하다는 듯 말했다.

"어째서 남자들은 날 좋아하지 않을까요?"

예상치 못한 질문에 당황한 나는 다시 한 번 그녀를 찬찬히 살펴보았다. 절대 그럴 리가 없다. 아마 자신이 미처 의식하지 못한 건지도 모른다. 이렇게 예쁜 여자를 좋아하지 않는 남자가 있단 말인가? 나는 스스로에게 물어보았지만 여전히 이해할 수 없었다. 그래서 그녀를 관찰해보기로 했다.

"왜 그렇게 생각하죠?"

그녀는 잠시 우물쭈물하더니 이렇게 말했다.

"나랑 사귀던 남자들은 죄다 얼마 지나지 않아 나한테 질려버린대요. 하지만 그건 걔들이 늘 나를 오해하기 때문이라고요!"

나는 여전히 별로 믿기지가 않았다. 그러나 계속해서 이야기를 나눠보니 그녀의 문제가 무엇인지 알 것 같았다. 남자들이 그녀를 좋아하지 않는 것이 아니라 그녀가 남자를 어떻게 대해야 하는지 모르는 것이었다. 아마도 대인관계 또한 그리 좋지는 않을 듯했다.

자신이 인정할 수 없는 일이 발생할 경우 그녀는 가장 먼저 이렇게 반응한다.

"네가 잘못해서 일을 이 지경으로 만들어놓고 무슨 낯으로 또 나타난 거야? 내 탓을 할 자격이 있다고 생각하니? 어째서 네 잘못을 깨닫지 못해? 왜 그런 걸 빨리 좀 고치지 않아? 늘 나한테 왜, 왜, 묻기나 하고. 넌 진짜 너무 멍청해. 더 상대하기도 힘들다, 이젠."

그렇다. 그녀는 자신이 옳지 않다고 생각하는 것은 절대적으로 틀린 것이니, 상대방이 마땅히 고쳐야 한다고 여겼다. 그러나 무엇이 틀렸다거나 어디가 잘못되었다거나 직접적으로 말하지는 않았으며, '상대하지 않으면 그만'이라는 식으로 차갑게 대응했다. 상대방이 '잘못'을 깨닫고 알아서 고칠 때까지.

그녀의 전 남자 친구들은 자신의 '잘못'을 깨닫지 못했기 때문에 냉전 상태를 끝낼 수 없었고, 그녀는 그가 더는 자신을 사랑하지 않는다고 여긴 채 절망하며 돌아선 것이었다. 그녀 또한 이런 태도가 잘못되었다는 것을 어렴풋이 알고는 있었지만, 잘못에 대한 판단만큼은 늘 자신이 옳았다고 고집했다. 나는 이렇게 말할 수밖에 없었다.

"이 말 들어본 적 있죠? '이 세상에서 유일하게 변하지 않는 것은 변한다는 사실 뿐이다.' 어때요, 동의해요? 고개를 끄덕이는 걸 보니 동의하는 모양이네요. 그걸 알면서 왜 그러는 거예요? 어째서 문제가 생길 때마다 자기 생각을 꼭 끌어안은 채 바꾸지 않는 거냐고요.

자기 생각을 바꾸려 하지 않는데 어떻게 타인의 감정을 느낄 수 있겠어요? 그 사람이 맞는지 틀리는지는 또 어떻게 판단하고요? 소통이란 말 그대로 먼저 '트여야(疎)', '통(通)'한다는 거잖아요. 그럼 '트이려면' 어떻게 해야 할까요? 먼저 자신을 내려놓고 타인의 감정을 느끼려고 해야 하죠."

그녀는 반박했다.

"그렇지만 상대방이 정말로 날 사랑한다면 내 마음도 이해하고, 내가 무슨 생각을 하는지 알아야 하는 거 아닌가요? 왜 그걸 일일이 설명해야 해요?"

"그는 당신 남자 친구지 초능력자가 아니니까요. 사람이 다른 사람 마음을 알아맞히지 못하는 건 지극히 정상이죠. 상대가 모르면 당신이 그냥 알려주면 되잖아요."

그녀는 고개를 가로저었다.

"내가 직접 말하면 무슨 재미예요. 그들이 날 좋아하지 않으니까 모르는 척하는 거죠. 일부러 그러는 거라고요."

나는 침묵했다. 아무래도 이 여자와는 '변신 놀이'를 하는 수밖에 없을 것 같았다. 변신 놀이가 뭐냐고? 먼저 눈을 감고 마음을 가볍게 하면서 다른 사람으로 변신하는 상상을 한다. 여기서는 그녀가 과거에 사귀었던 남자 친구들 중 아무나 한 명을 고른다. 그런 다음

두 사람의 관계에서 '그'가 느낀 감정을 그녀가 말해보게 한다.

'그'가 말했다.

"차가워요. 얼음처럼. 녹여보려고도 해봤는데 매번 실패했죠."

'그'가 다시 말했다.

"억울해요. 너무나 억울해서 미치겠어요."

'그'가 또다시 말했다.

"난 정말 무능한 것 같아요. 이렇게 예쁜 여자의 바람을 들어주지 못하다니. 사귄 지 며칠밖에 되지 않았는데 벌써부터 날 상대하려고 하질 않아요."

놀이가 끝난 후, 눈을 뜬 그녀는 나를 보며 웃었다. 나도 말없이 그녀를 향해 웃어주었다.

"고마워요."

보름 정도 지나서, 그녀가 내게 편지를 한 통 보내왔다. 최근에 헤어진 전 남자 친구와 재결합했는데, 사이가 무척 좋아 함께 말레이시아로 여행 갈 준비를 하고 있다는 소식이었다.

그런데 문득 의아스럽다는 생각이 들었다. 내 안에 있는 친구들이 자유롭게 사람을 사귀거나 연애를 하고, 함께 여행까지 간다니. 그 친구들은 다 나 자신인데, 만약 내가 가지 않으면 여행은 어떻게 되는 거지? 곰곰이 생각하려니 머리가 어지러워 그만두기로 했다. 그저 "좋은 여행 되기를"이라고 대강 답장을 한 다음 베개에 머리를 묻고 잠을 청했다.

유치한 씨

너무 바빠서 어른이 될 시간이 없네

수년간 만나지 못했던 친구들을 만나면 서먹서먹하고 어색하고,
심지어 '세대 차'까지 느껴질 때도 있다.
각자의 상황과 상관없이 그들은 나와 멀찌감치 떨어져 있다.
마치 여러 해가 지났지만 나 홀로 하나도 변하지 않은 것처럼. 실은, 정말로 그렇다.
나의 마음은, 이 세상을 보는 나의 시선은 예전과 하나도 달라지지 않았다.

유치한 씨는 정말로 유치해서 그런 이름이 붙은 게 아니었다. 그가 자신을 그렇게 부르는 이유는 또래처럼 성숙해 보이지 않기 때문이었다. 그는 자신의 정신연령이 멈춰버린 것이 가장 큰 문제라고 했다. 어찌 된 일인지 그의 마음에는 실제 나이에 걸맞은 변화가 생기지 않았다는 것이다. 마치 여러 해 전을 살고 있는 것처럼.

"난 왜 이럴까요?"

그가 물었다. 당사자는 진지했겠지만 굉장히 천진하게 들렸다. 나는 그가 무슨 말을 하는지 당연히 잘 알고 있었다. 그는 여러 인격 중에서도 나와 가장 가까운 인격이니까. '피터 팬'은 나의 대명사라고도 할 수 있다. 거기에서 벗어나려 적잖이 노력도 해보았지만 매번 실패만 겪었다. 나는 삶과의 대면을 방해하는 '젊음' 때문에 고민했다. 이를테면 결혼과 육아 공포증이라든가, 독립 장애라든가, '또래 집단에서 소외당하는 기분' 등이 다 젊음 때문에 발생한 것이니 말이다. 생리적으로는 다른 사람들처럼 한 해 한 해 늙어가고 있건만 마음은 여전히 수년 전에 머물러 있었다. 심신이 분리된달까.

시간은 칼날과 같다. 칼날이 지나가면 당연히 자국이 남듯, 우리 몸도 해마다 일 년어치씩 늙어간다. 그러나 정신연령은 다르다. 시간이 흐른다고 반드시 똑같이 발달하진 않는다. 정신연령은 사람과 사건을 겪어가면서, 또 스스로 반성을 거듭하면서 더해지는 것이니까.

그래서 수년간 만나지 못했던 친구들을 만나면 서먹서먹하고 어색하고, 심지어 '세대 차'까지 느껴질 때도 있다. 각자의 상황과 상관없이 우리의 내면은 서로 상당한 차이가 나 있다. 그토록 죽이 잘 맞던 친구 사이가 돌연 딱딱해지기도 한다. 그때의 마음으로 돌아가지 않는 한 그렇다. 반면 예전에는 별로 친하지 않았던 녀석과 갑자기 얘기가 통하고, 심지어는 그 녀석이 죽마고우처럼 느껴지기도 한다.

가끔은 이런 의문이 들 때도 있을 것이다. 분명 비슷한 성장 과정을 거쳤고 비슷한 환경에서 일하고 심지어 같은 부서 사람인데, 어느 날 갑자기 그가 무척 나이 들어 보인다. 이유가 무엇일까?

사람의 영혼이 성장하는 패턴은 이렇다.

외부의 자극(순간적)-내면의 고찰(장기적)-생각의 변화(순간적)-행위의 변화(순간적).

이 같은 네 단계 가운데 오랜 시간을 요하는 것은 내면의 고찰뿐이다. 그 기간은 하루가 될 수도 있고 한 달이나 일 년 혹은 그 이상이 될 수도 있다. 어떤 특정 사건에 자극받은 사람이 활기를 잃고, 조용해지며, 우울해지거나 멍청해지기까지 하는 것은 그 때문이다. 사실 이러한 변화는 내면의 고찰을 겪으면서 그 사건을 소화해내는 과정이다. 고찰이 제대로 이루어지면 올바른 깨달음을 얻게 되고, 건강하게 성장한 영혼은 한 단계 진화한다. 고찰이 순조롭지 않으면 부정적인 생각만 하게 되며 심리적인 문제를 겪을 수도 있다. 또 지나치게 오랫동안 그 사건을 곱씹으며 헤어나지 못하는 사람은 정신연령의 발달이 멈추거나 장기적인 우울증에 빠질 수 있다.

외부의 자극은 긍정적인 것일 수도 있다. 친구에게 농담을 던졌을 때 좋은 반응이 돌아오는 것처럼. 반대로 부정적일 수도 있다. 같은 농담에 화를 내는 친구도 있을 테니까.

이때 정신연령의 성장을 멈추게 하는 것은 보통 긍정적인 자극이다. 긍정적인 자극을 받으면 자신의 생각이나 행위가 '진리'라 여기고 고수하려 하기 때문이다. 반대로 부정적인 자극은 정신연령이 빠르게 발달하게끔 하지만 각종 심리적 문제의 원인이 되기도 한다.

친구 하나가 난데없이 무척 노숙해지는 등 갑자기 딴사람이 되어버렸다면, 틀림없이 외부로부터 큰 자극을 받아 일정한 고찰을 겪었고 그 결과 생각과 행위가 변하게 된 것이라 할 수 있다. 그런데 만약 당신과 비슷하게 평탄하게만 살아온, 이렇다 할 강한 자극을 받지 못한 친구는 어느 정도 변했는데 당신만 여전히 제자리걸음이라면? 그렇다면 다음과 같은 두 가지 원인이랄 수밖에 없다. 첫째, 친구에 비해 당신의 내면이 예민하지 못하고 신경이 둔하다. 둘째, 당신이 너무 바빠 삶을 반추해볼 시간이 없어서 영혼이 자랄 틈도 없었다.

나는 두 부류의 '어른 아이'를 모두 만나보았지만 전자보다는 후자가 더 많았다. 바쁘게 살아가는 현대인은 대부분 정해진 일과에 매여 있다. 매일 정해진 시간에 일하고, 밥을 먹고, 휴식을 취한다. 간신히 휴일을 맞이해도 어떻게 놀지 계획을 세우느라 또 바빠진다. '없는 일도 만들어 하는' 태도를 버리고 자신에게 조용히 혼자 있는 시간을 주려고 하는 사람은 거의 없다.

물론 이렇게 말하는 사람도 있을 것이다.

"꼭 그렇진 않은데요? 난 원래 혼자 있는 걸 좋아해서 일을 할 때도 거의 매일같이 혼자 있고, 조용히 혼자 있는 시간도 많이 가져요. 그런데도 왜 내 정신연령은 여전히 유치한 걸까요?"

과연 매일 홀로 조용히 지내는 게 맞을까? 사실 당신의 마음은 조용하지 않을 것이다. 인터넷 게임 하랴 메신저로 수다 떨랴 영화 보랴 바쁘고, 더할 나위 없이 재미난 일들을 하느라 진정으로 마음을 차분히 하지는 못할 테니.

혼자 조용한 시간을 갖는다는 것은 생각도 행동도 하지 않는 것이다. 가부좌를 틀고 앉아 명상을 하거나, 조용한 열차 안에 앉아 창밖을 멍하니 바라보는 것처럼 말이다. 그렇게 하면 당신의 내면은 말로는 표현할 수 없는 감정을 경험하게 될 것이다.

말실수 씨

나에게 말하지 않는 하루를 주세요

생각과 다른 말이 입 밖으로 나갈 때가 있다.
내 생각에, 이건 혹시 병이 아닐까 싶다.

아침에 일어나 면도를 하는데 거울 속에서 샤오가 나를 보고 있었다. 그는 내게 눈빛으로 이렇게 말했다. '오늘은 아무 말도 하지마. 머릿속이 엉망이라 입만 떼면 실수를 하고 말 테니.'

샤오는 스무 살가량의 남자로 말을 약간 더듬었다. 그러나 그는 자신을 가리켜 말더듬 씨가 아니라 말실수 씨라고 했다. 그는 왜 하필이면 지금 나타난 걸까? 안 그래도 요새 바빠서 정신이 없는데. 어쨌거나 나는 그의 말이 쓸데없다고 생각했다. 오늘 해야 할 일을 하나부터 열까지 분명히 꿰고 있는데 입만 떼면 실수를 하고 말거라니? 내 생각을 읽은 샤오가 말했다.

"믿지 못하겠거든 한번 해봐요."

나는 물론 믿지 않았고, 그의 경고 메시지 따위는 한쪽 귀로 흘려버렸다.

이른 아침의 신선한 공기를 들이마시며 집을 나선 나는 기가 막힌 바오쯔(다양한 소를 넣은 찐빵-옮긴이) 냄새에 이끌려 한 식당으로 들어갔다. 식당 주인이 반갑게 맞으며 무엇을 주문하겠느냐고 물어왔다.

"보고서 한 시루랑 죽 한 그릇 주세요."

나오는 대로 말해놓고 움찔한 나는 얼른 '보고서가 아니라 바오쯔 한 시루'라고 고쳐 말했다. 그러자 주인이 껄껄 웃으며 "요새 일이 너무 바쁘신가 봐요" 하고는 주방으로 갔다.

나는 이마를 두드리며 샤오에게 내가 말실수를 한 까닭을 물었다. 그러자 그는 이렇게 말했다.

"식당 주인도 대번에 알아보잖아요. 님이 너무 바쁘다고!"

하지만 나는 반박했다.

"바쁜 사람이 어디 나 하나뿐이야? 바쁘다고 해서 다른 사람들도 다 이렇지는 않을 거 아냐."

샤오는 무시하는 듯한 표정을 했다.

"그냥 바쁜 게 문제가 아니라, 울화가 치밀 정도로 바쁘니 그렇죠."

"울화?"

나는 눈을 크게 떴다.

"그래요, 울화. 다른 사람들은 바빠도 내면이 평온하고 정서도 안정되어 있거든요. 맑은 머리를 유지해야 일을 제대로 할 수 있죠. 하지만 님은 무려 일주일 동안이나 울화가 쌓여 있었잖아요. 짜증 부리고 화내고 불안해하고. 문제가 생길 때면 가장 먼저 어떻게 해결해야 할지를 생각하는 것이 아니라 화를 내서 그걸 태워 없애버리려 하죠. 바꿔 말해서, 님에게 그것들은 풀어야 할 문제가 아니라 화만 돋우는 몹쓸 것들이 되고 말았다고요!"

그가 말했다. 나는 가만히 생각해보았다. 맞는 말이라고 생각했지만 내 입은 그것을 순순히 인정하려 들지 않았다.

"그게 뭐 어때서? 그래야 투지가 솟는다고!"

199

"됐거든요." 샤오는 피식 웃었다. "그게 투지라고요? 화를 내면서 어려운 문제를 피해 가려는 게 뻔히 보이는데!"

그 예리한 대답 앞에서 나는 순식간에 쭈그러들고 말았다. 잠시 마음을 진정하고 내면의 솔직한 생각과 느낌을 곰곰이 되짚어보았다. 구구절절 옳은 말이었다.

"좋아." 내가 말했다. "그럼 이제 나는 어떻게 해야 하지?"

"하루 정도는 방법을 생각하며 조용히 있어 봐요. 하루 동안 말을 하지 않는다면 가장 좋고."

"말을 안 하는 게 효과가 있을까?"

"물론이죠. 하고 싶은 말을 참으면 자연스럽게 무슨 말을 하고 싶은지 생각해볼 틈이 생기거든요. 그러면 자신이 지금 무슨 생각을 하고 있는지 정확히 볼 수 있고요. 예를 들어 아까도 입에서 나오는 대로 말하지 않고 잠깐 참았다면 '보고서 한 시루'라고 하진 않았을 거예요. 입에서 나가려는 말을 한 번 더 생각해봤다면 제대로 말할 수 있었겠죠. 오늘 하루 정도만 말을 참으면 님 마음속의 문제도 대부분 정리될 거예요."

내가 영 미심쩍다는 얼굴을 하자 그가 황급히 덧붙였다.

"정말로 알아들은 거 맞아요? 지금 님은 머리가 너무 복잡해서 화를 내어 문제들을 잊어버리려 하고 있어요. 그 문제들이 울화를 돋우는 거라고요. 그것들은 시도 때도 없이 님 머릿속에 들어와

성가시게 굴 거예요! 하루 동안 말을 하지 말아봐요. 그럼 자신이 왜 늘 말실수를 하는지 알게 될 테니까."

나는 고개를 주억거리며 마음속으로 샤오에게 엄지손가락을 들어 보였다.

"알았어. 네 말대로 오늘은 말 안 할게. 절대로 말 안 할 거야."

샤오는 만족스럽게 고개를 끄덕였다.

"좋아요. 착하네요."

그리고 그는 사라져버렸다.

죄책감 씨
무슨 일만 생기면 내 탓인 것 같아

늘 내가 잘못하고 있는 것 같다.
좋지 않은 일이 생기면 나도 모르게 내 탓이라고 생각한다.
아무 일이 일어나지 않아도 내 탓 같고 무슨 일이 벌어져도 내 탓 같다.
무슨 일만 생기면 미안하다는 말이 절로 나오고,
이 세상 모든 나쁜 일이 나 때문에 생기는 것 같다.
이런 생각이 바람직하지 않다는 건 알고 있다.
내게도 스트레스고 남들이 볼 때도 숨이 턱 막히는 사람이 되니까.
어떻게 해야 나아질 수 있을까?

첫 번째 만남.

그가 내게 한 첫마디는 이랬다.

"죄송해요, 정말 죄송합니다…."

나는 그것이 몹시 이상하다고 생각했다.

"뭐가 죄송하다는 거죠?"

그는 우물쭈물 말을 잇지 못했다. 매우 긴장한 것 같았다.

"그건 잘 모르겠는데, 어쨌든 죄송해서요."

"아무 이유도 없이 죄송하다니…. 누구한테나 이러나요?"

그는 멍하니 굳은 얼굴로 말했다.

"거의 그렇죠."

"왜요?"

그는 침묵했다.

이것이 내가 죄책감 씨를 처음 만났을 때의 상황이었다. 그날은 비가 왔고, 도시 전체를 날려버릴 듯 천둥이 심하게 치고 있었다. 죄책감 씨는 입을 꾹 다문 채 천둥소리에 몸을 떨었다. 그렇게 열 번 정도를 부르르 떨고 있더니 갑자기 몸을 일으켜 사라져버렸다.

두 번째 만남.

일주일 후, 나는 두 번째로 그를 만났다. 내가 '금연 실패'를 선언하고 손가락 사이에 걸린 담배를 보며 생각에 빠져 있을 때 그가 나타났다. 약간 흥분한 기색이었다.

"죄송해요. 시간을 조금 빼앗아도 될까요?"

"그럼요. 괜찮아요."

그는 미소 띤 얼굴로 양손을 문지르며 내 앞에 앉았다.

"죄송해요. 오늘 제가 좀 흥분해서, 정말 미안해요. 하지만 그거 알아요? 저, 죄책감이 들지 않는 기분이 어떤 건지 드디어 알게 됐거든요." 그는 양손을 더욱 단단히 옭아 쥐었다. "저번에는, 그러니까 저번에 당신을 만났을 때요. 그때 번개가 쳤던 거 기억나요?"

그렇게 말하면서 손으로 번개가 치는 시늉을 해 보였다. 나는 고개를 끄덕이며 물론 기억한다고 대꾸했다. 그는 안심한 듯 웃었다.

"맞죠, 그렇죠. 그때 당신이 제게 질문을 했고, 막 대답하려는 찰나 갑자기 엄청 큰 번개가 쳤죠. 정말 우습지만 너무 놀라서 하려던 말이 싹 달아나버렸지 뭐예요. 덤벙이 같으니. 번개가 한 번도 아니고 여러 번 연속으로 치니까 하고 싶던 말이 영영 돌아오질 않더라고요. 저, 정말 화났었어요. 돌아가서도 계속 생각했죠. 이건 대체 누구 잘못일까? 내 잘못이라면 천둥한테 미안하다고 해야 할 테죠. 하지만 아무리 사과를 해도 갈수록 화만 나는 거예요."

"화가 났다고요?"

대화는 예상 밖의 방향으로 흘러갔다.

"네. 무척 화가 났어요." 그는 짐짓 화난 얼굴을 했다. "그게 무슨 뜻일까요? 내 잘못이 아니라는 뜻이겠죠? 만약 내 잘못이라면 사과를 하고 나면 곧장 마음이 편안해져야 정상이거든요."

"그러니까, 이번에는 죄책감이 전혀 들지 않았다는 말이죠?"

호기심을 느끼며 내가 물었다.

"맞아요. 그냥 화만 났어요. 심지어는, 심지어는 천둥을 한 대 때려주고 싶더라니까요. 정말 말도 안 되죠. 그래서, 그래서 전 조금 황당했어요. 물론 흥분이 더 컸고요. 흥분…, 맞아요! 저, 저 좀 비정상인가요?"

그는 다시 손을 만지작대기 시작했다.

"아뇨, 매우 정상인데요? 누구나 화날 때가 있죠." 내가 말했다. "그날 하고 싶었던 말, 지금 다시 할 수 있어요?"

그는 잠시 생각하는 얼굴이더니 이렇게 말했다.

"아뇨. 영 생각나지 않아요."

"괜찮아요. 이제 그건 중요하지 않으니까. 중요한 건 당신이 화를 낸 것에 흥분했다는 사실이죠. 그 이유를 생각해본 적 있어요?"

"생각해봤어요." 그가 눈을 빛내며 대답했다. "며칠 동안 생각해봤는데, 제 생각엔, 누군가에게 죄책감이 들지 않아서였던 것 같아요! 저는 죄책감이잖아요. 그러니 저한테는 상상조차 할 수 없는 일이죠. 심지어 때리고 싶다는 생각까지 하다니, 그런 당당한 기분은 처음이었어요. 맞아요, 당당한 기분! 제가 흥분하는 건 바로 그것 때문이에요."

"당신의 생각이 절대적으로 옳은 것 같은 기분이 들었다는 거죠?"

"맞아요. 그 일을 겪을 때의 저 자신은 더할 나위 없이 옳은 사람 같았어요."

그가 고개를 끄덕였다. 내가 또 물었다.

"당신은 어떤 사람이 되고 싶나요?"

그는 한 번도 생각해본 적이 없는 듯 오랫동안 대답을 하지 못했다. 내가 슬쩍 말했다.

"지금은 천둥이 안 치는데요."

"그러네요." 그가 고개를 끄덕이고는 말을 이었다. "음, 그건 좀더 생각해본 다음 얘기해줄게요."

그는 그렇게 떠나버렸다.

세 번째 만남.

2주 뒤, 나는 그를 세 번째로 만났다. 몸만들기에 실패한 후 머리를 싸매고 있을 때였다.

그는 무척 차분해 보였다. 전처럼 긴장하지도 흥분하지도 않았고, 무턱대고 사과하지도 않았다. 얼굴에는 미소까지 띠고 있었다. 자연스러운 걸음걸이로 다가온 그는 내 맞은편 의자에 앉더니 내 담뱃갑에서 담배를 한 개비 뽑아 불을 붙였다. 그 모든 과정이 물 흐르듯 자연스러웠는데, 심지어는 품위마저 느껴질 정도였다.

그가 가장 먼저 꺼낸 말은 이랬다.

"잠시만요, 도넛 하나 만들고."

그러고는 입술을 동그랗게 내밀더니 담배연기를 내뱉었다. 내가 본 것 중 가장 어설픈 연기 도넛이 만들어졌다. 나는 그만 참지 못하고 크게 웃어버렸고, 그 또한 만족스러운 듯 웃었다.

"봐요, 이게 바로 내가 꿈꾸는 내 모습이에요. 언제나 자연스럽고 침착한, 세상에서 가장 조리 있는 사람."

하지만 내 눈에 그는 침착하다기보다는 오만하고 무례해 보였다. 그에게 물었다.

"가장 조리 있는 사람이란 어떤 사람인데요?"

"무슨 일을 해도 늘 내가 옳고, 남들이 내게 미안하다 할 뿐 나는 사과하지 않는 사람이죠."

그가 침착하게 대답했다. 그 말을 받아 내가 물었다.

"아 그러니까, 남들이 죄책감을 갖도록 하는 사람이네요. 맞나요?"

그는 다시 침묵하더니 미간을 모은 채, 담배를 다 피울 때까지 한 마디도 하지 않았다. 그러고는 일어서서 사라져버렸다.

네 번째 만남.

또다시 2주가 지난 뒤, 나는 그를 네 번째로 만났다. 내가 두 번째 금연 실패로 한숨을 쉬고 있을 때였다. 수염이 덥수룩하게 자란 그가 천천히 걸어와서는 내 어깨를 툭툭 쳤다.

"당신 말이 맞아요. 난 늘 남들이 내게 미안해하도록 하고 싶었어요. 그러면 우월감을 얻을 수 있을 것 같아서요. 망상이었죠. 모든 사람이 내게 미안해하도록 하는 건 사실상 불가능하잖아요? 그래서 이번에는 내가 남들에게 미안해하는 사람이 되기로 했죠. 내가 얼마나 성숙하고 고상한 사람인지 나타내려고요. 사람들의 생각을 통제하려는, 일종의 뒤틀린 욕구가 표출된 거였어요."

나는 그를 바라보았다. 그를 가만히 바라보고 있으려니 답답한 마음이 천천히 사라졌다. 그의 말이 옳았다. 죄책감 씨는 이제 더는 불안해하지 않고 내 눈빛을 담담히 받아냈다.

"당신은 무척이나 완벽한, 성인에 가까운 자아를 추구하고 있어요." 나는 창밖의 잎사귀를 보며 말했다. "당신에게는 매우 강한 통제 욕구가 내재되어 있어서, 모든 사람이 당신을 칭찬하고 대단하게 생각하도록 만들고 싶어 하죠. 그런데 당신이 죄책감을 느낄 때, 그 죄책감을 느끼게 한 사건이 당신의 원래 인지 상태를 망가뜨려요. 머릿속에 있는 자아 형상이 무너져 다시 세워야만 하는 상황이 되죠. '나는 그런 사람이 아닌데 그런 일을 하다니.' 이때 당신이 그어둔 마지노선이 무너지는 거예요. 당신이 꿈꾸는 이상적인 자신과 현실 속 자신 간의 차이가 갑자기 두드러지면서 어찌할 방법이 없게 되죠. 자신에게 느낀 실망과 분노가 슬픔과 자책이라는 방식으로 표출되고, 죄책감이 고조될 때는 심지어 스스로를 파괴하려는 충동마저 일어납니다. 자신의 잘못을 만회하고 자아 형상을 되찾아 당신이 늘 생각하던 모습으로 되돌아가려 하는 거예요. 당신은 이런 사람인데 그런 일을 했으니, 둘 사이의 틈을 어떻게 메워야 할까요? 이때 죄책감이 구급약처럼 작용하는 거죠."

"맞아요."

그가 짧게 대꾸했다. 나는 말을 이었다.

"사실 죄책감을 느끼는 건 일종의 해결책이기도 해요. 스스로 완벽하다고 생각하는 거짓된 형상을 파괴해서 더욱 진실한 자신의 모습을 보게 해주니까요. 진실은 생각했던 것보다 아름답지 않을 수도 있지만, 그것이 당신 내면의 현재 상황이에요. 그걸 발견해서 치료하고 개선해야 성장할 수 있는 거죠. 죄책감을 통해서 깨달음을 얻을 수 있거든요. '아, 난 이런 일도 할 수 있었구나. 이런 면도 있다는 걸 왜 미처 몰랐을까? 어째서 이런 내가 생겨났을까? 이런 내 모습은 내게 무엇을 의미하는 걸까? 무엇을 변화시켜야 한다는 걸까? 어떤 것들을 배워야 한다는 걸까?'"

"맞아요."

"그러니까, 죄책감을 도저히 견딜 수 없을 지경이 되면 자신에게 멈추라고 소리치세요. 잠깐 멈췄다가 다시 자책한다 해서 죽는 건 아니니까. 그 순간 죄책감이 들게 한 사건을 다시 바라볼 수도 있겠죠. '이 일은 어떻게 발생했을까? 원인과 과정은 어땠지?' 그다음엔 입장을 바꿔서 생각해보는 거죠. 나에게 죄책감을 느끼도록 한 상대방의 시각으로 사건을 보는 거예요. '상대는 내가 미안해하기를 바랐나? 내가 죄책감을 느끼는 것을 상대는 어떻게 생각할까?' 그러고 나서 다시 그 사건을 바라봐요. '대체 어떻게 된 일이었지?'"

그는 웃는 듯한 표정으로 말했다.

"천둥소리나 당신이나, 늘 날 멈추게 하네요."

"죄책감이 뭘까요? 죄책감은 채무감이죠. 하지만 당신이 상대방에게 빚을 졌다고 어떻게 확신하나요? 당신이 한 일이 실은 상대방이 원하는 거였을 수도 있잖아요. 아니면, 애초에 빚을 졌다는 것 자체가 당신 혼자만의 생각일 수도 있고요. 빚이란 마땅히 내야 할 몫을 내지 않았거나, 덜 내서 타인에게 피해를 주는 거예요. 하지만 당신이 그 사람에게 피해를 줬다는 걸 어떻게 확신하죠?

어쩌면 당신의 죄책감은 그저 욕구 불만의 표출일 수도 있어요. 내가 바라는 대로 되지 않으니 일종의 벌을 주는 거죠. 정말로 죄책감이 드나요? 어쩌면 당신은 그저 분노 속에서 안타까워하는 걸지도 몰라요. 내가 원하는 나는 이렇게 수준이 높은데, 현실 속의 나는 시궁창 같구나 하고."

"맞아요. 스스로 만들어낸 연극이죠."

"그러니까 죄책감을 자주 느끼는 사람은 그 감정의 진상을 알아야 해요. 자신에게 물어보세요. '나는 죄책감을 통해 무엇을 얻으려 하는 걸까?' 그럼 어쩌면, 좀 달라질지도 모르니까."

뭔가 깊이 생각하는 표정이던 그가 문득 물었다.

"그럼, 지금 우린 좀 달라졌을까요? 죄책감에 대해 한참 동안 얘기해봤으니."

나는 그를 마주 보며 되물었다.

"당신은 어떤 것 같아요?"

그는 대답하지 않았다. 옅은 미소가 그의 얼굴에 흐릿한 활기를 불어넣고 있었다. 그리고 그는 점차 투명해지더니, 공기처럼 사라졌다.

귀요미 씨

그녀에겐 뜻밖의 단짝 친구가 있다

무거운 세상사를 감당할 수 없다.
나는 예쁨받고 보호받고 용서받고 싶다.
이 세상이 언제까지나 포근하고 단순했으면 좋겠다.

며칠 동안 기분이 몹시 나빴다. 툭하면 실망과 분노가 차올랐고, 온몸으로 냉소적인 분위기를 폴폴 풍기며 다녔다. 그래서 최대한 쉬울 것 같은 방법으로 기분을 풀어보려 해봤는데, 효과가 그런대로 괜찮았다. 어쨌든 지금은 기분이 조금 좋아졌으니까.

그러던 차에 내 머릿속에 두 사람이 나타났다. 여덟에서 아홉 살쯤 되어 보이는 어린아이 둘이었다. 하나는 귀엽고 예쁘게 생긴 영리해 보이는 여자아이였고, 또 하나는 귀엽긴 하지만 어딘가 멍청하고 맹해 보이는 남자아이였다.

내 인격들 중에서 어린아이를 보는 건 처음이라 나는 몹시 놀랐다. 나한테 이런 유아적인 면도 있었던가? 어쨌든 그들이 나타난 이상 이야기를 나눠야 했다. 나는 두 아이에게 다가가 옆에 쪼그려 앉았다. 남자아이는 찰흙으로 인형을 빚고 있었고, 여자아이는 그에게 애교 섞인 말투로 찰흙 인형 하나를 달라며 조르는 중이었다. 나는 아이들에게 말을 걸었다.

"헤이, 꼬마들. 잠깐 얘기 좀 할 수 있을까?"

남자아이가 고개를 들어 나를 바라봤다. 통통한 볼을 불룩이는 모습이 좋다는 건지 싫다는 건지 얼른 알아차릴 수가 없었다. 가만 보니 칠칠맞게 침까지 흘리고 있었다. 반면 곁에 있던 여자아이는 생글대며 대답했다. 검고 큰 눈동자가 반짝반짝 빛을 냈다.

"좋죠. 솔직 아저씨 오셨네요."

두 아이의 표정이 너무나 대조적이어서 나는 나도 모르게 소리 내어 웃었다.

"내가 누군지 아는구나? 너희는 이름이 뭐야?"

"난 귀요미고요, 쟨 멍청이예요."

"그런데 너흰 왜 여기 나타난 거지?"

"그야 아저씨가 우릴 생각했으니까 그렇죠."

나는 순간 멍해지고 말았다. 실은 물어볼 필요도 없었다. 최근 들어 느낀 어떤 고민이 나를 그들의 세계로 이끌었고, 그래서 이렇게 그들이 내 눈앞에 나타난 것일 테니까. 하지만 어떤 고민일까? 최근의 내 심리 상태를 열심히 떠올려봤더니 대부분 냉소적인 감정과의 싸움, 정확히 말해 냉소에서 벗어나려는 시도로 이루어져 있었다. 그런데 내가 무슨 방법을 썼더라? 한참을 생각해보았으나 얼른 떠오르지 않아서 나는 그저 한숨만 쉬었다.

내가 미간을 모으고 입을 꾹 다문 채 미소를 싹 거두자, 나를 살피던 여자아이가 커다란 눈을 깜빡이며 웃기 시작했다. 내 기분이 나빠진 것이 자기 때문이라고 생각했는지 아이는 아양을 떨듯 웃으며, 열심히 내 기분을 풀어주려고 했다.

"아저씨, 아저씬 정말 잘생겼네요. 진짜로 우리가 보고 싶지 않았어요?"

나는 별수 없이 혼자만의 생각에서 빠져나와 피식 웃으며 아이의 머리를 쓰다듬어주었다.

"녀석, 말도 참 귀엽게 하네."

그 말을 꺼낸 순간, 요 며칠간 내가 했던 행동들이 떠올랐다. 냉소에서 벗어나기 위해 내가 택한 방법은 바로 어린아이 같은 행동을 하는 것이었다. 이를테면 친구들 앞에서 입술을 쭉 내밀고 귀여운 척을 한다든가, 우스꽝스러운 표정을 지으며 혀를 내민다든가, 어리광 피우듯 징징댄다든가 하는 것들이었다. 애들이나 마시는 음료수를 마시고, 유아용 만화영화를 보고, 애들 같은 장난을 하기도 했다. 지금 돌이켜보니 그런 행동들이 지금 이 여자아이의 행동과 몹시 흡사한 것 같았다. 즉 나는 이른바 '귀요미' 같은 행동, 즉 귀여운 척을 했던 것이다.

귀여운 척을 할 때 어떤 기분이었냐고? 마음이 순식간에 즐거워졌다. 마치 온 세상이 포근해진 것처럼. 이유는 간단하다. 그런 행동을 하면 스스로가 어린아이처럼 느껴지고, 내가 상대해야 할 업무와 스트레스가 일순 멀찌감치 사라지는 것 같은 기분이 드니까. 이것이 습관이 되면 내 마음 깊은 곳에서는 정말로 자신을 어린아이처럼 여기게 된다. 그리고 아이처럼 즐거움만 누리고 싶어진다.

하지만 이런 행동이 어째서 문제가 되는 것일까? 갈수록 환상에 깊이 빠져들고, 감정의 기복이 점점 커지며, 타인의 시각으로 문제를 생각하기가 매우 힘들어지기 때문이다. 또 점점 타인에게 의존하려 들고 자존감이 약해진다. 원래라면 진지하게 대했을 문제도 건들 건들 처리하게 된다. 복잡하게 생각했을 문제도 지극히 단순하게 넘겨버려 문제를 처리하는 능력이 갈수록 약화되고, 마땅히 져야 할 책임도 점점 피하게 된다.

예를 들어 일 처리를 잘못해서 상사에게 혼이 났다고 해보자. 성인이라면 자신의 잘못을 담담히 인정하고, 질책을 받은 데 대한 부끄러움과 분노를 동력으로 삼아 이후 더 신중을 기해 일하겠다고 마음먹어야 정상이다. 그런데 나는 그러지 않았다. 처음에는 잘못을 책임지는 것이 두려웠고, 그다음엔 억울하고 화가 났다. 억울하다는 듯 변명을 늘어놓았고, 이런저런 이유를 대며 책임에서 벗어나려 했다. 결국 더 큰 처벌을 받았다. 이쯤 되면 귀여운 척의 후유증이 막심하다는 걸 알 수 있다.

물론 좋은 점도 있다. 친구와 다퉈 서로 화가 났을 때, 내가 갑자기 귀여운 척을 하면 그쪽도 나도 신경이 분산되어 분위기가 순식간에 풀린다. 상대방이 볼 때는 이런 거다. '다 큰 어른이 내 화를 풀어주려 어린애처럼 굴기까지 하네. 이건 확실하게 양보하겠다는 제스처지. 이렇게까지 하는데 봐주지 않는 건 좀 너무한 거 아니겠어?'

또 다른 측면으로는, 약한 모습을 보이면 상대방을 의존하고 신뢰한다는 인상을 주게 되고, 상대방으로 하여금 한 사람의 성인을 정복했다는 성취감을 느끼게 한다. 정말로 심각한 잘못을 저지른 경우가 아니라면, 나의 귀여운 척은 기본적으로 상대방의 용서를 끌어낼 수 있는 묘책이다.

여기까지 생각하자 나는 진심으로 귀요미 씨가 좋아지기 시작했다. 대인관계에 이토록 기특한 윤활유가 또 있을까. 돈도 안 들고 위험하지도 않은 데다 효과까지 빠르다. 나는 귀요미 씨를 향해 활짝 웃어주었다.

"네 말이 맞아. 아저씨는 너희가 정말 보고 싶었어."

그러나 말을 뱉자마자 절반은 거짓말이라는 것을 깨달았다. 귀요미 씨만 보고 싶었지 멍청이 씨는 생각조차 하지 않았으니까. 멍청이 씨는 왜 나타난 것일까? 나는 남자아이를 바라보았다. 찰흙을 주무르며 열심히 인형을 빚느라 고개조차 들지 않는다.

"꼬마야, 너는 왜 이름이 멍청이니?"

아이는 여전히 대답을 하지 않았고, 이번에는 고개조차 들지 않았다. 마치 내가 존재하지 않는다는 듯이 아무런 반응도 보이지 않았다. 나는 여자아이를 향해 몸을 돌렸다.

"저 애는 왜 말을 안 하지? 귀에 문제라도 있니?"

여자아이는 웃으며 입을 열었다.

"걘 원래 그래요. 들었으면서 못 들은 척하고, 봤으면서도 못 본 척하거든요."

나는 고개를 갸웃했다.

"어째서 그러는데?"

여자아이가 대답했다.

"그렇게 하면 남들이 원하는 일을 하지 않아도 되잖아요. 갠 다른 사람이 이래라저래라 하는 걸 싫어하거든요. 온종일 답답하게 꾹 참고 앉아서 자기가 내키지 않는 일들은 못 들은 척해요. 자기가 잘못한 게 있어도 모르는 척하죠. 그럼 책임지지 않아도 되니까요. 속으로는 다 알고 있으면서 모르는 척하는 거예요."

어린 남자아이가 그토록 계산적인 속내를 품고 있다니. 나는 깜짝 놀라 한참 동안 아이를 바라보았다. 계속 말을 걸어보았지만 모조리 실패했다. 다시 여자아이에게 물었다.

"저 애는 왜 너랑 같이 나타난 거지?"

"우린 원래 같이 다녀요. 떨어지면 둘 다 손해니까."

"왜?"

내가 물었다.

"멍청한 척하지 않으면 귀여운 척도 못 하니까요."

나는 다시 멍해졌다. 맞는 말이었다. 다 자란 성인에게 멍청한 척과 귀여운 척은 정말로 동시에 필요하다. 어린아이에게나 어울릴 귀여운 척을 성인이 한다면, 그 원인은 크게 네 가지로 나눌 수 있을 것이다.

첫째는 정신지체인 경우다. 지능 발달에 문제가 있어 영원히 아이처럼 살아갈 수밖에 없다.

둘째는 천성이 그런 경우다. 이런 사람들은 성격 자체가 어린아이 같아서, 나이로는 성인이라도 내면의 어느 부분이 자라지 않아 아이 같은 수준에 머물러 있다. 행동에도 아이 같은 느낌이 배어 있기 때문에 무척 자연스럽게 귀여운 척을 한다. 이 부류는 어린 시절 어른들에게 과잉보호를 받았거나 반대로 보살핌을 받지 못한 경우가 많다. 대부분 불안함을 잘 느끼고 단순, 예민한 데다 자신감이 부족해 성장을 거부한다.

셋째는 연기성 인격장애(histrionic personality disorder)를 지닌 경우다. 이 부류는 사람들의 시선을 집중시키길 좋아한다. 귀여운 척 연기를 함으로써 사랑스러운 매력을 배가시켜 더 많은 관심과 사랑을 받으려 한다. 이 부류의 사람들은 일반적으로 자신이 다른 사람들에 비해 뛰어나다고 생각하지만, 실제로는 성장 과정에서 과도한 무관심과 무시를 겪었을 가능성이 크다.

넷째는 특정 목적을 위해 귀여운 척하는 경우다. 이 부류의 사람들은 본질적으로 어린아이 같은 구석이 전혀 없음에도 어떤 목적을 위해 귀여운 척을 수단으로 삼는다. 이를테면 이성의 관심을 끌기 위해 일부러 아이처럼 구는 경우가 그렇다. 속에는 집채만 한 늑대를 키우면서 겉으로는 어린 양 행세를 하는 것이다. 남자든 여자든 필요하다면 어떤 성격으로도 변신할 수 있으며, 다소 흑심을 품고 있는 부류라고 할 수 있다.

이 네 가지 경우 가운데 첫 번째를 제외하면 모두가 멍청한 척을 귀여운 척과 동시에 하는 셈이다. 특히 두 번째 부류의 사람들은 자신이 나이를 먹어가고 있다는 사실을 철저하게 외면하고, 지나치게 아이 같아지기를 원하면서 성장을 거부한다. 그래서 본질적으로 심각하게 멍청한 척을 한다.

여자아이가 말한, 멍청한 척을 하지 않고서는 귀여운 척도 할 수가 없다는 것은 정상적인 심리 지능을 지닌 성인에게 해당하는 얘기다. 보다 성숙한 방식으로 세상을 대해야 할 성인들이 아이처럼 귀여운 척을 하려면, 먼저 스스로 성인다운 대응 능력이 없는 것처럼 가장해야 하기 때문이다. 이는 분명히 일종의 도피행위다. 외부에 이런 메시지를 주는 것이다. '나를 봐. 얼마나 귀엽고 약한지. 당신들은 어린애를 대하듯 나를 보호해줘야 해.'

귀엽다는 것은 좋아하고 보호하고 용서해줘야 할 대상이라는 뜻이다. 그러니 성인이 귀여운 척을 하는 것은 심리와 행위 측면에서 고의로 퇴행하는 것이다. 고의적인 퇴행이 곧 멍청한 척 아닌가? 그럼 멍청한 척이란 뭘까? 바로 도피하는 것이다! 뜻대로 되지 않는 현실의 어떤 측면에서 도피하기 위해 일부러 아이같이 굴며 자신과 사람들을 기만하는 것이다. 이는 아주 교묘한 형태의 '발 빼기'다.

압박을 견딜 수 없어 귀여운 척을 하는 것은 자신이 그 압박과 책임을 감수하지 않아도 용서받을 수 있으리라 기대하는 것이다.

또 자신이 이미 나이 들어가고 있다는 사실을 받아들일 수 없어 어려 보이도록 꾸미고 혀 짧은 소리를 내기도 한다. 눈을 깜빡이고 입을 삐죽거리며 자신에게도 아직 청춘의 매력이 남아 있다는 것을 드러내려 하는 것이다. '이것 좀 봐, 난 아직 어려. 언제 결혼하니, 애는 언제 낳니, 일은 어떠니 자꾸 묻지 말라고. 다들 어린애 대하듯 날 보호해줘야 해!'

귀여운 척하는 사람들은 사실을 외면하고 아무것도 모르는 척한다. 못 본 척, 못 들은 척하며 화제를 돌림으로써 당장의 부담을 모면하려 한다. 귀여운 척이 유행한다는 것은 다들 세상 살기가 힘들고 큰 압박을 받고 있다는 뜻이고, 사람들의 도피 성향이 굳어지고 있다는 방증이다. 정말로 현실에서 도피할 수 있든 그렇지 않든, 최소한 귀여운 척을 하는 그 순간만큼은 벗어날 수 있으니까.

나는 냉소와 우울에서 벗어나려 귀여운 척을 택했지만 그로 말미암아 이토록 많은 고민을 떠안게 됐다. 그리고 깨달았다. 귀여운 척을 하며 내가 얻은 것이라고는 잠깐 동안의 환상과도 같은 만족감에 불과하다는 것을. 한순간의 어려움은 무마해준다 하더라도 환상은 결국 환상일 뿐이다. 결국은 있는 그대로의 현실과 마주할 수밖에 없다. 다만 목적성을 띤 귀여운 척은 예외다. 그들이 귀여운 척을 하는 것 자체가 현실적인 결과를 얻기 위함이니.

거기까지 깨닫고 나자 절로 긴 한숨이 나왔다. 그러면서도 한편으로는 내심 다행스러웠다. 어쨌거나 내 행동이 얼마나 우스운 것인지 재빨리 깨달았고, 현실 도피에서 멀찍이 벗어날 수 있게 되었으니까.

나는 귀요미 씨와 멍청이 씨에게 고맙다는 말을 하고 싶었지만 그들은 벌써 저만치서 폴짝폴짝 뛰어가고 있었다. 허공에는 여자아이의 한마디가 울려 퍼졌다.

"난 다시 올 거예요. 그때 몰라보기 없기예요."

나는 웃으며 생각했다. 우린 앞으로 영영 만나지 않는 게 제일 좋다고.

무력 씨

이론은 빠삭하지만 그게 다 무슨 소용이람

들은 것도 많고 아는 것도 많다.
그것만 따라 하면 반드시 얻는 것이 있을 거라고,
나의 이성은 내게 말한다.
그러나 감정은 이렇게 말한다.
넌 말이야, 한 걸음도 못 움직여.

그녀는 매우 똑 부러지는 여자였다. 겉모습만으로도 한눈에 알 수 있다. 반짝반짝 빛나는 두 눈에 내가 주눅이 들 정도다. 텔레비전에 나오는, 성깔 있고 강단 있는 미인을 본 적이 있는가? 그녀가 바로 그런 타입이었다. 그런데 뜻밖에도 그녀는 자신을 무력 씨라고 불렀다.

무력 씨는 안으로 들어오자마자 입을 쉬지 않았다. 지금껏 만났던 심리상담사 여덟 명에 대한 불만부터 털어놓기 시작했다. 그녀는 상담사들이 하나같이 밥통들이라며, 자신은 병이 있는 것이 아니라 그저 좀 어려움을 겪고 있을 뿐이라고 말했다. 사실은 할 일을 미루는 병이 있긴 한데 아직 초기라 심각하지는 않다는 것이었다. 그녀는 그저 자초지종을 설명하러 온 것이라고 덧붙였다.

겨우 틈을 찾아낸 내가 끼어들듯 말했다.

"잠깐만요! 내 마음속에 심리상담사가 여덟 명이나 산다고요?"

그녀는 나를 이상하다는 듯 쳐다봤다.

"마음이 곧 하나의 세계라는 거, 몰랐어요? 당연히 그 안에도 뭐든 다 있죠. 심리상담사가 없을 리 있나요?"

그래도 여덟 명이나 된다니, 나는 몹시 놀랐지만 더 묻진 않기로 했다.

"아, 그래요. 계속하세요."

그녀는 말을 이었다. 회사를 하나 차렸는데 사업이 괜찮게 진행

되어 매일같이 바쁘게 살고 있다고 했다. 자신은 바쁜 나날을 무척 좋아하니 매우 만족스러웠는데, 요즘엔 왠지 모르게 늑장을 부리게 되고, 시간이 휙휙 지나가고 있다는 것을 뻔히 보면서도 움직이기가 싫다는 것이었다. 그러고 나서 그녀는 자기 일에 대해 어떤 점이 즐겁고 또 뭐가 짜증 나는지 구구절절 늘어놓기 시작했다….

내게는 일종의 압박이었다. 나는 입을 열 생각조차 할 수 없었고 그녀의 말을 끊고 끼어들 수도 없었다. 그야말로 속수무책이었다. 별수 없이 내내 듣기만 하면서 이따금 미소로 화답하는 수밖에는. 한참을 떠들던 그녀는 드디어 지쳤는지 물을 한잔 청해 단숨에 마셔버리고는 내게 물었다.

"어떻게 생각해요?"

나는 어안이 벙벙해져서 되물었다.

"뭘요?"

그녀는 답답하다는 듯이 얼굴을 찡그렸다.

"내 미루는 행동 말이에요!"

"아, 그거요? 자신이 왜 자꾸 미룬다고 생각하나요?"

그녀는 잠시 뜸을 들이다 입을 열었다.

"나 그거 뭔지 알아요. 나한테 되물어서 스스로 반성하게 하려는 거죠? 내가 원인을 찾게 하려고? 그런 수법 잘 알지. 당신은 누구나 자가치유 능력이 있다고 믿는 사람이니 내 잠재력을 깨우려고 하는 거겠죠. 그런 이치는 나도 알아요. 나도 써먹어 봤고 반성도 해봤고 원인도 다 알고 있다고요. 어떻게 해야 할지도 알고요. 이를테면 생각을 차분하게 정리한다든가, 자신이 정말로 하고 싶은 일을 찾는다든가, 계획을 세워서 실행한다든가 하는 것들이죠. 아니면 긴장을 풀고 조용히 앉아서 자신의 가장 미세한 감정 변화를 느껴보는 것도 있겠고, 무의식 속에 숨은 욕망을 찾아보는 방법도 있겠죠. 그런 책 수도 없이 읽어서 이론은 나도 많이 알아요. 실제로 그렇게 하면 좋아질 거라 생각도 했고요. 하지만 직접 해봤는데 별 효과가 없는 것 같더라고요. 가부좌 틀고 앉으면 머릿속이 뒤죽박죽이 되기 일쑤더군요. 아니면 아무 생각도 떠오르지 않아서 잠이 오고, 그럼 그냥 자버리게 되고요. 다른 방법들도 많이 알지만 하고 싶지가 않아요. 재미도 없는 것 같고, 차라리 그냥 멍 때리고 있는 게 나을 것 같기도 하고…."

나는 상당히 당황했고 어떻게 대화를 이어나가야 할지 몰랐다. 이론은 빠삭한데 실천할 힘은 없다니. 어째서일까? 나는 그녀를 바라보며 한참 동안 생각에 잠겼다. 그리고 결국엔 인정할 수밖에 없었다. 나도 왜 그런지 모르겠다는 걸.

그녀는 나를 보며 놀랍다는 듯 말했다.

"자칭 심리상담사라면서 그런 것도 몰라요?"

"미안해요. 실은 나조차도 이 세상에 심리상담사라는 직업이 필요하긴 한 걸까 의심스럽거든요. 당신은 이렇게나 똑똑하고, 자신이 원하는 것이 뭔지 아주 잘 알뿐더러 기분을 조절하는 방법까지 알고 있죠. 그런데도 효과가 없다는 거잖아요. 당신 내면이 어떤 상황인지는 나보다 당신이 훨씬 더 잘 알지 않겠어요?"

그러자 그녀는 다시 신이 난 것 같았다.

"음, 그건 맞는 말이에요. 나도 내가 똑똑하다는 건 분명히 알고 있어요. 솔직히 말해서, 미루는 습관을 고치는 데 대한 책들도 적잖이 읽었거든요. 심리상담사로 나서도 될 것 같다니까요."

"그런 것 같아요. 정말 아는 것두 많고…."

내 말이 채 끝나기도 전에 그녀가 끼어들었다.

"맞아요. 배우려는 마음만 먹으면 난 뭐든 굉장히 빨리 배우거든요." 그녀는 잠시 머뭇거리다 말을 이었다. "아이, 가끔은 이런 생각도 들어요. 머리가 너무 좋아서 뭐든 보는 즉시 이해해버리니 참 재미가 없구나, 하고."

"이해를 하는데 왜 재미가 없어요? 성취감을 느낄 거 아녜요."

"성취감이야 들죠. 하지만 굉장히 대단하다고 생각했던 것들이 알고 보니 별거 아니더라 하는 사실을 깨달으면 얼마나 실망스럽다고요. 내가 상상했던 것처럼 굉장하지도 않고 흥미롭지도 않으니까."

나는 고개를 끄덕였다.

"네, 그것도 그렇겠네요."

그녀는 갑자기 한숨을 쉬었다.

"맞아요. 학교 다닐 땐 일등을 하면 굉장히 자랑스러울 것 같 았어요. 그래서 도전해봤더니 참 쉽게 되더라고요. 연애할 때는 키 크고 돈도 많고 잘생긴 남자가 날 죽도록 따라다니며 청혼하게 하 면 뿌듯할 것 같았고, 그것도 해냈죠. 여자가 회사를 세우고 큰돈을 벌면 멋질 것 같았고, 그래서 열심히 이루었더니 지금은 그냥 '그래, 이런 기분이구나' 싶어요. 나중엔 작가가 돼서 책을 쓰면 자랑스러 울 것 같았는데 막상 해보니까 정말 쉽더라고요. 그 후에는 또…."

이쯤 되자 나는 놀라움을 숨길 수가 없었다. 그저 멍하니 그녀를 바라보며 말했다.

"당신 정말 대단한 여성이군요. 그야말로 완벽한 인생인데요?"

그녀는 나를 비스듬히 쳐다보며 웃었다.

"그런가요? 이런 인생, 재미없을 것 같진 않아요?"

나는 진심으로 고개를 저었다.

"아뇨. 많은 사람이 당신을 부러워하고 심지어는 떠받드는 사람 도 있을 것 같은데요."

"그건 그래요. 지금 당신처럼 감탄하는 시선을 자주 받긴 하죠."

"그럼 지금은 또 특별히 어떤 일이 하고 싶은 거예요?"

그녀는 한참 동안 생각했다.

"딱 한 가지가 있어요. 우리 아빠랑 이야길 나누고 싶어요."

"어떤 이야기를요?"

그녀는 울적한 표정으로 잠시 말을 멈췄다.

"내가 어떤 일들을 했고, 지금은 어떤 것들을 이뤄냈는지 이야기하고 싶어요. 하지만 안타깝게도 아빤 이미 돌아가셨죠."

"아, 미안해요."

"괜찮아요."

"만약에, 만약에 말이에요. 아버지가 살아 계신다고 가정하고 한번 상상해봐요. 지금 당신 앞에 앉아 계신다면 뭐라고 하셨을까요?"

그녀는 또다시 침묵하며 천천히 눈을 감았다.

"아빠가 나를 보며 미소 지어요."

"그다음에는요?"

"아빠가 말해요. 얘야, 잘했구나."

"그다음에는요?"

"그동안 내가 너를 힘들게 했지. 미안하다. 그때 너에게 그렇게 큰 부담을 주는 게 아니었는데…."

그녀는 울기 시작했고, 나는 조용히 기다렸다.

"그동안 네가 뭐든 최고가 되려고 발버둥 치는 걸 보면서, 남자처럼 힘들게 싸우는 걸 보면서 아빠는 알았단다. 내가 너를 망쳤다는 걸…. 별생각 없이 던진 한마디 때문이었어. 너를 다른 아이와 비교

하고, 열심히 하지 않는다고 혼을 내고, 일등을 놓쳐서 내 체면이 서지 않는다고 그러고…. 그때 아빠는 학부모회의에서 으스대지 못해 기분이 좋지 않았던 거야. 아빠가 잘못했지. 원래는 그날 집에 돌아와 네게 사과하려 했는데, 그렇게 사고가 나 영원히 너를 떠나버리게 될 줄은 꿈에도 몰랐다. 원래는 네게 이렇게 말해주려고 했어. 아빠를 용서해다오. 넌 이미 충분히 잘하고 있고 아빠는 늘 네가 자랑스럽단다. 설령 네가 아무것도 이루지 못하더라도 아빠는 영원히 너를 사랑할 거야…."

그녀는 흐느끼며 말을 잇지 못했다. 잠시 말을 멈췄다가, 천천히 긴 숨을 뱉어내며 한마디를 덧붙였다.

"얘야, 아빠를 용서해주겠니?"

그녀는 계속해서 훌쩍거리며 조금씩 진정되어갔다. 정해진 시간이 끝나 그녀가 가버릴 때까지, 우리는 그저 그렇게 말없이 앉아 있었다.

그렇다. 나는 어떤 이론이든 다 알고 있다. 내가 어떻게 해야 하는지도 알고 있고, 이 세상에 나를 막을 수 있는 것은 아무것도 없다. 다만 내면을 움직일 소망이 없을 뿐. 그것은 그가 없기 때문이다. 낡은 기억 속, 그가 심어둔 기대라는 씨앗을 잘 가꾸어 열매를 맺었으나 이제는 그가 없다. 그럼 내가 얻은 열매는 누구에게 보여주어야 하나? 누구를 향해 증명해야 하나? '이걸 보세요, 내가 해

230

냈어요! 이미 해냈다고요!'

　사실 내가 가장 원한 것은 조용하고 평화로운 삶이었다. 당신의 사랑을 얻기 위해 나는 최선을 다했다. 당신이 그토록 갑작스레 떠나버린 것을 나에 대한 실망으로 이해했기에, 나는 가슴 가득 죄책감을 끌어안고 필사적으로 노력했다. 이제 당신이 여기에 없으니 나 또한 존재감을 잃고 무력감에 빠졌다. 앞으로 나는 무엇을 위해 살아야 하나?

고통 씨

생고생을 자처하는 사람들

고통스럽지 않은 날이 온다면,
나는 아마도 어색할 것이다.

이별의 아픔에 시달린다는 고통 씨의 하소연에 나는 놀랐다.

"당신은 내 인격의 일부잖아요. 내가 실연한 적이 없는데 어째서 이별의 고통을 느낀다는 건가요?"

그러자 그녀는 두 눈을 동그랗게 떴다.

"인격의 일부는 따로 연애할 수 없다고 누가 그래요? 난 당신의 다른 인격과 사귀었는데."

나는 깜짝 놀랐다.

"인격들끼리도 연애를 한단 말이에요? 맙소사. 난 어째서 아무것도 느끼지 못했지?"

그러자 그녀는 강조하듯 한 단어 한 단어를 또박또박 끊어 말했다.

"기억해둬요. 하나의, 마음은, 하나의, 세계다! 당신은 대표 인격일 뿐이지 우리의 신이 아니잖아요. 당신한테 모든 걸 알릴 필요는 없지 않겠어요?"

나는 반박하고 싶었지만 이유를 듣고 나니 그도 그럴 것 같아 할 말이 없었다. 그래서 그냥 하던 얘길 이어갔다.

"지금도 그가 매일 보고 싶나요?"

그녀는 고개를 끄덕였다.

"매일, 거의 매분 매초 그리워요."

"그가 보고 싶을 땐 어떤 기분이 들죠?"

"원망스럽고, 마음이 아프고, 슬프고 그렇죠."

"그 감정을 한마디로 표현하자면?"

"고통."

"고통스러운 느낌을 좋아하나요?"

"그럴 리가 없잖아요!"

"그를 그리워하는 것이 당신을 고통스럽게 한다면, 왜 아직도 그리워하는 건데요?"

"…"

나는 궁금해졌다. 그녀는 어째서 자신을 고통스럽게 하는 일을 계속해서 하는 걸까?

고통스러워하는 사람들은 매일같이 자신들의 고통 속에 잠겨서 오만상을 쓰곤 한다. 얼굴에는 절망과 상처가 덕지덕지 묻어 '고통에서 벗어나고 싶지만 그럴 수가 없어'라고 쓰여 있는 것 같다. 마치 이 세상이 그들에게는 너무도 불공평하여 그들의 소망을 들어준 적이 단 한 번도 없었던 것처럼.

원하는 것이 충족되면 내면도 치유된다. 그러나 그들의 입이 말하는 소망이 내면 또한 진정으로 원하는 것일까? 바꿔 말해 당신은 정말로 지금의 고통에서 완전히 벗어나길 원하고 있는가? 어쩌면 스스로를 계속해서 고통 속에 놓아두려는 것이야말로 당신 내면의 진정한 목소리는 아닐까?

이 세상에 까닭 없이 연속되는 일은 없으며, 지속되는 모든 것에는 그만의 목적이 있다. 가령 당신이 줄곧 어떤 상황에 처해 있다면, 실은 그것이 당신에게 특정한 쾌감을 가져다주는 상태라는 뜻이다. 겉으로는 무척이나 괴로워 보일지라도 말이다. 어쩌면 당신은 그 고통을 즐기고 있으면서 자각하지 못할 뿐인지도 모른다.

그 사실을 인정한다면 당신은 알게 될 것이다. 많은 사람에게 고통이란 매력적이고, 즐거우며, 계속해서 움켜쥐고 있을 만한 가치가 있는 것이라는 점을.

다음의 말들을 살펴보자.

첫째, "폭풍우야, 좀더 세게 몰아쳐라!"

이렇게 고통을 갈구하는 것은, 고통을 감수하는 것이 곧 그것을 이겨낼 잠재력이 있음을 증명하는 셈이라고 보기 때문이다. 그러나 많은 사람은 폭풍우에 완전히 망가지고 만다.

둘째, "비바람을 겪지 않고 어떻게 무지개를 볼 수 있겠어?"

이렇게 고통을 갈구하는 것은, 고통을 감수하는 것이 목표를 이루는 수단이 되기 때문이다. 그러나 많은 사람은 결국 무지개를 보지 못하고 중도에 쓰러져버린다.

셋째, "내가 이렇게 다친 것이 보이지 않아?"

이렇게 고통을 갈구하는 것은, 고통을 겪음으로써 상대방의 관심과 보살핌을 받을 수 있다고 생각하기 때문이다. 그러나 많은 사람은 죽을 만큼 상처만 받고 원하는 바를 이루지 못한다.

넷째, "그가 날 충분히 사랑해주지 않는 것 같아. 진정한 사랑은 마냥 달콤하지만은 않고, 온갖 감정이 극대화되는 거라고 하잖아?"

이렇게 고통을 갈구하는 것은, 고통이 진정한 사랑을 증명한다고 믿기 때문이다. 그러나 많은 사람은 그로 말미암아 결국 연인을 잃는다.

다섯째, "진정한 친구는 싸우기도 하고, 오해도 하고, 절교도 하고 그러는 거지."

이렇게 고통을 갈구하는 것은, 고통이 진실 어린 우정을 증명한다고 생각하기 때문이다. 그러나 많은 사람은 그로 말미암아 우정을 잃는다.

그리고 여섯째, 일곱째, 여덟째….

이렇게 '생고생을 자처하는' 예는 많고도 많다. 우리는 어째서 생고생을 자처할까? '고생'이 달콤하기 때문이다. 고생스러운데도 당신은 사실 그것을 매우 즐기고 있는 것이다. '고육책'이라는 말이나 사디스트-마조히스트(SM) 관계도 바로 이런 것이 아닌가?

심리학에서는 '병을 통해 얻는 이익'이라는 말이 있다. 갑작스레 아프면 평소 당신에게 무관심하던 사람들이 관심을 보이게 되는데, 그 짜릿함 때문에 매일 아프기를 고대하는 현상을 뜻한다. 어떤 사람들은 처음에는 순전히 우연히 겪게 된 고통을 서서히 수단으로 삼다가, 시나브로 고통을 즐기면서도 자각하지 못하는 상태에 빠지기도 한다.

다음은 나와 고통 씨가 마지막으로 나눈 대화다.

나: 다시 한 번 잘 생각해봐요. 그를 생각하면 무척 고통스러운데도 어째서 계속 그를 그리워하는 거죠?

그녀: 내가 얼마나 괴로운지 그에게 알려주고 싶어요. 그가 마음을 돌리도록.

나: 왜 그의 마음을 돌리고 싶죠?

그녀: 우리가 함께할 때 느꼈던 행복을 놓치고 싶지 않으니까.

나: 좋습니다. 그럼 이제, 스스로를 잠시 내려놓으세요. 마음을 편안히 하고, 그가 당신의 고통을 이미 알고 있다고 상상해봐요. 그가 마음을 돌렸나요?

한참 생각하던 그녀는 갑자기 울기 시작했다.

그녀: 아뇨. 그는 나와 함께 있을 때 행복하지 않았고 더는 나를 사랑하지 않는대요.

나: 좋아요. 다시 상상해봐요. 사실은 그가 당신을 여전히 사랑한다며 돌아왔어요. 그는 당신과 재결합하기를 무척 원하고

있습니다. 당신의 마음은 어떻죠?

그녀는 다시 눈을 감고 한참 동안 생각했다.

그녀: 그를 받아줄 수 없을 것 같아요.

  나: 어째서요?

그녀: 그를 믿을 수 없어요. 그는 분명 다시 나를 버릴 거야…. 설령 그러지 않는다 해도 우리의 사랑은 이미 변해버렸고, 두 번 다시 예전으로 돌아갈 수는 없어요. 그는 처음부터 끝까지 나만 사랑해주는 사람이 아니니까.

  나: 그렇다면, 사실 당신이 그리워하는 것은 그가 아니라 아름다웠던 옛 감정이네요. 그런가요?

그녀는 또 한참을 생각했다.

그녀: 음, 그래요. 나는 그저 서로 사랑했던 처음의 감정을 그리워할 뿐이에요.

  나: 당신에게 아름다운 사랑이란 무엇인가요?

그녀가 말했다.

그녀: 그의 마음이 나 하나만 사랑해주는 거요. 우리가 다투더라도 여전히 나만 사랑해주고, 내게만 잘해주고.

나: 그렇게 당신을 사랑해줄 사람이 또 있을까요?

그녀: 또 없을 거예요.

나: 만약 나중에 진짜로 그런 남자가 나타나면요? 받아들일 건가요?

잠시 말이 없던 그녀가 이윽고 답했다.

그녀: 네.

나: 그러니까, 그 사람 말고 다른 사람을 받아들일 수도 있다는 거네요?

그녀: 네, 그런 것 같아요.

나: 좋아요, 이제 눈을 떠요. 기분이 어때요?

그녀는 미소지었다.

"많이 나아졌어요."

"왜 기분이 나아졌을까요?"

"다시 희망을 봤으니까…."

나는 웃으며 그녀를 향해 고개를 끄덕였다.

"대단한데요."

그녀는 말없이 웃기만 했다.

"왜 웃어요? 스스로 대단하다고 생각하지 않아요?"

"대단하다고 생각해요. 내가 웃은 건, 당신이 무당 같아서예요."

"어째서요?"

"모르겠어요. 그냥 느낌이 그래요. 고마워요, 무당 씨. 다음에 또
봐요."

"…?"

미혹 씨

이 뜨거운 피는 어디로 가야 할까

뭔가 좀더 중요한 일을 해야겠다는 생각이 들면, 나는 피가 끓어오른다.
그러나 좀더 중요한 그 일이 구체적으로 무엇인지는 아직 찾아내지 못했다.
가슴 가득 뜨겁게 고인 피를 맘껏 쏟아내고 싶건만,
나는 아직 그 대상을 찾지 못했다.

"이봐요, 솔직 씨. 나 좀 구해줘요."

향기로운 차를 한 주전자 우려서 찻잔에 따른 참이었다. 막 한 모금을 마시려고 하는데 돌연 귓가에 이런 목소리가 들려왔다. 그 소리에 놀라 손이 떨리는 바람에 찻물이 반쯤 쏟아지고 말았다. 나는 기분이 좀 상해서 대체 어떤 무례한 사람인가 확인하려 했다. 그런데 고개를 채 돌리기도 전에 목소리의 주인이 내 눈앞에 나타나더니, 따라놓은 차를 단숨에 마셔버렸다.

"음, 차 맛 괜찮네…. 솔직 씨, 나 좀 구해줘요."

"누구신지?"

나는 불쾌한 말투로 물었다.

"아, 죄송. 실례했네요. 나는 미혹이라고 해요. 요즘 어떤 일 때문에 죽을 맛이라 상담이 필요해서요."

그가 찻잔을 내려놓으며 말했다. 나는 고개를 끄덕이는 수밖에 없었다. 지금껏 내 마음속의 모든 녀석을 성실하게 대해왔으니까. 나는 고개를 숙인 채 다시 차를 따르며 물었다.

"말해봐요. 어디가 불편한지."

그는 자신의 심장을 가리켰다.

"여기가 꽉 막혀서 미치겠는데 왜 그런지 이해가 잘 안 돼요. 난 분명 그 여자를 좋아하는데, 그녀와 함께 있을 때마다 내 인생을 낭비한다는 생각이 들거든요. 마음속 깊은 곳에서 끊임없이 이런 소리가 들려요. '빌어먹을, 해야 할 중요한 일들이 얼마나 많은데. 이 여자랑 이런 쓸데없는 일을 하느라 시간을 낭비하고 있다니' 하는 소리요."

나는 고개를 들어 그를 바라보았다.

"계속 그래요?"

"네. 이런 목소리가 계속해서 들리는데, 심지어 사랑을 나눌 때조차도 끊이질 않아요. 함께 놀러 가거나 쇼핑을 하거나 데이트하면서 그녀가 만족스러워하는 걸 볼 때도, 뭐랄까 알 수 없는 권태로움과 분노가 치솟아요."

"그녀와 함께 시간을 보내지 않는다면 어떤 일들을 가장 하고 싶나요?"

내가 물었다. 그가 주저없이 말했다.

"내가 중요하다고 생각하는 일을 할 거예요."

"그럼 그 중요한 일을 열심히 하면 되잖아요. 다 끝내놓고 그녀를 만나면 되죠."

"하지만 그게 안 돼요. 내가 하고 싶은 일을 할 시간이 나면, 또 마음이 분산돼서 전혀 생산적이지 않은 일들을 하게 되거든요. 음악을 듣거나 화장실에 가서 앉아 있거나, 게임을 하거나 야동을 보거나 뭐 그런 거요. 그런 것들을 하고 나면 더없이 공허해지고, 또 엄청난 권태로움과 자괴감이 들어서 결국 다 때려치우고 잠이나 자게 돼요.

아, 물론 그게 옳지 않다는 것은 알고 있죠. 제대로 된 일을 하려 노력해야 한다는 것도 알고요."

마지막 말이 변명처럼 들릴까 봐 걱정스러운 듯 그가 내 눈을 힐끔 봤다. 나는 개의치 않고 물었다.

"왜 그런지 생각해본 적이 있나요?"

"모르죠. 그걸 알면 이렇게 당신한테 도움을 청하겠어요? 여러 사람에게 물어보긴 했는데, 다들 내가 그녀를 충분히 사랑하지 않는 게 아니냐고 그래요. 하지만 내 마음에다 대고 수천 번을 물어봐도, 내가 아는 여자들 중에 내가 가장 사랑하는 건 바로 그녀거든요! 그 점은 확실해요. 난 대체 왜 이러는 걸까요?"

그는 잔뜩 풀이 죽어 있었다.

"내가 당신을 구해주리라고 확신하는 이유가 뭔데요?"

내 질문에 그는 당연한 거 아니냐는 투로 말했다.

"그걸 몰라서 물어요? 나는 당신 인격의 일부고, 내 문제는 본질적으로 당신의 문제이기도 하니까 그렇죠. 당신이 날 구하지 못하면 누가 구해요?"

나는 무척 당황스러워 정신을 추스르기 위해 차를 한 모금 마셨다.

"좋아요. 그럼 한번 이야기를 나눠보죠. 당신이 말하는 중요한 일을 끝내는 것이 당신에겐 어떤 의미인지 말해줄 수 있나요?"

"의미요? 의미라면, 그래야 나도 좀 성공하는 사람이 될 것 같으니까요."

"어째서 꼭 성공하는 사람이 되어야 하는데요?"

"그건…." 그는 곰곰이 생각하며 말을 이었다. "어쨌든 '성공'하는 것 이외의 일은 죄다 시간 낭비 같은 기분이 들어요."

"그러니까 사랑은 당신의 '성공'에 포함되지 않는 거네요. 기껏해야 정상적인 사람이 지녀야 할 조건 같은 것일 뿐. 맞나요?" 그는 긍정도 부정도 하지 않고 나를 쳐다만 보고 있었다. "그렇다면 사실 당신은 여자 친구를 사랑하지 않는 것이 아니라, 사랑보다는 성공을 가장 매력적인 것으로 여기는 거예요. 바꿔 말하면, 당신은 그녀보다 '성공'을 더 사랑하는 거예요. 맞나요?"

"그래요." 내 말에 동의를 표한 그가 말을 이었다. "사실 난 이런 마음의 소리를 자주 들어요. '이봐, 이봐. 넌 나를 너무나 오래 버려뒀어. 이제는 나를 찾고 발견하고 능력을 발휘할 때라고! 자질구레한 일에 이제 더는 매여 살지 말고 좀 깨어나!'라는 소리 말이죠."

"그렇다면 마음 놓고 당신이 중요하게 생각하는 일을 하면 되잖아요. 뭘 망설이는데요?"

나는 이해할 수 없었다.

"그건 안 되죠." 그가 말했다. "그랬다간 온종일 일하느라 바쁠 테고 여자 친구에게 소홀하게 되잖아요. 온종일 일밖에 모르는 남자라면 그녀에게 좋은 남자가 아니니 날 떠나버릴 수도 있어요. 그녀가 없으면 난 무척 괴로울 거예요. 너무 힘들어서 제대로 일할 힘도 내지 못하게 될 테고."

"아 그러니까, 당신은 지금 '성공하는 사람'과 '좋은 남자' 사이에서 갈팡질팡하느라 힘든 거로군요?"

이제야 상황을 좀 알 것 같았다.

"그렇죠."

"이 문제는 여자 친구와 이야기해야 할 것 같은데요? 잘 이야기해서 여자 친구에게 이해를 구해봐요."

내가 넌지시 조언했다.

"사실 그녀는 나를 이해한다고 했어요. 내가 바빠지더라도 날 떠나지 않겠다고도 했고요."

"그럼 대체 뭘 걱정하는 건데요?"

"그래도 안 되겠어요. 그녀가 날 그렇게 위로는 해도 내가 정말로 바빠지면 결국 떠나고 말 것 같아서요."

맙소사, 그야말로 할 말이 없었다. 당장 그를 문밖으로 내쫓고 싶은 마음이 굴뚝같았지만 꾹 눌러 참았다.

"그거야 당신의 생각일 뿐이고 여자 친구는 당신을 지지하고 믿어주겠다고 했잖아요. 안 그래요?"

그는 한참 동안 생각하더니 입을 열었다.

"맞아요. 나도 그녀 말을 믿어야겠죠. 그건 그래요."

나는 겨우 한숨을 돌렸다.

"그럼 더는 문제가 없네요? 자, 이제 가서 열심히 성공해보세요!"

그러나 그는 꼼짝을 않고 한동안 생각에 잠겼다가 이렇게 말했다.

"역시 안 되겠어요."

"또 뭐가 안 돼요?"

나는 눈을 흡뜨고서 물었다.

"내가 뭘 해야 하는지 모르겠거든요."

그는 천진한 표정으로 나를 바라보았다. 나는 멍하니 앉아 있다가 거칠게 차를 한 모금 삼킨 다음 물었다.

"아니, 더 중요한 할 일이 있다면서요?"

"맞아요. 더 중요한 일이 있는 것 같긴 한데 그게 뭔지는 모르겠어요. 아직까지 찾질 못해서요."

어떻게 이리 당당할 수 있을까 싶어 어이가 없었다.

"아 그러니까, 무언가를 열심히 하고 싶은 열정은 끓는데 그 방향을 모르는 거군요. 좋아요, 이 문제는 당신이 스스로에게 질문해야 할 것 같네요. 진정으로 흥미를 느끼는 일이 뭔지."

오늘의 상담은 여기서 끝냈으면 싶었다. 하지만 내 뜻대로 되지 않았다.

"내가 특별히 하고 싶은 일이 뭔지를 못 찾겠어요. 딱히 잘하는 게 있는 것 같지도 않고요."

"떠올리면 막 열정이 생기고 피가 끓는 일이 없어요?"

그는 다시 한참을 생각했다.

"있어요. 더 중요한 일을 해야 한다고 생각하면 막 피가 끓어요."

이쯤 되자 나는 이렇게 말해주고 싶었다. '그냥 나가 죽어버렷!' 그러나 차마 입 밖으로 꺼낼 수는 없었다. 결국 나는 다시 거칠게 차를 마시고 침착하게 이야기했다.

"그러니까 당신의 최대 관심사는 성공하는 거네요. 무엇을 해서 어떻게 성공할지는 중요하지 않고. 맞나요?"

그는 고개를 끄덕였다.

"아, 완전히 맞아요. 바로 그 느낌이에요."

"그럼 문제는 쉽겠군요." 내가 말했다. "당신은 그 뜨거운 피를 품은 채로 뭐든 재미있을 것 같은 일을 해봐요. 도저히 손을 뗄 수 없는 일을 찾아보는 거죠."

"정말 좋은 방법인데요. 왜 진즉 그런 생각을 못 했을까?" 그는 눈을 빛내며 말했다. "고마워요, 솔직 씨. 난 이만 가볼게요. 내가 좋아하는 일을 찾아봐야겠어요."

말을 끝내기가 무섭게 그는 바람처럼 문을 박차고 나가버렸다.

그로부터 반년 후, 그는 조금 우울해하는 모습으로 나를 다시 찾아왔다. 내가 물었다.

"여자 친구랑은 잘 돼가요?"

그가 툭 내뱉듯 말했다.

"내가 차버렸어요."

"저런! 왜요?"

"결국은 내가 좋아하는 일을 함께 찾으려 하지 않더라고요."

나는 잠시 말을 멈췄다가, 다시 물었다.

"그 일을 찾았나요?"

그는 가타부타 대답을 않다가 중얼거리듯 말했다.

"아뇨. 반년 동안 무척 많은 일을 해봤거든요. IT 쪽 일도 해보고, 외국어도 배워보고, 강의며 수업도 해보고, 가수도 해보고…. 그런데 멈출 수 없을 만큼 재미있는 일은 없었어요."

"그럼 그런 일들 말고 또 무슨 일을 했는데요?"

내 질문에 그는 곰곰 생각해보는 듯하더니 이렇게 말했다.

"밥 먹고, 샤워하고, 잠자고, 멍 때리고, 친구랑 수다 떨고, 일기 쓰고, 영화 보고, 돌아다니고…. 이런 것도 포함되나요?"

"그렇죠." 내가 말했다. "그 일들 중에서 뭘 할 때 가장 기분이 좋아지던가요?"

"친구랑 수다 떨기요. 그러고 나면 기분이 나아져요. 일기 쓰는 것도 그렇고요. 마음이 굉장히 편해지죠."

"일기를 매일 써요?"

"네. 생각이 너무 많은데 매번 친구에게 이야기할 수도 없고, 속에 담고 있자니 또 답답해서 일기에다 쏟아놔요. 그래야 직성이 풀리거든요."

"주로 어떤 것들을 쓰는데요?"

"그냥 이런저런 생각들이죠. 오늘은 어떤 일 때문에 기분이 나빴다, 뭐 그런 거. 글 안에서 나를 기분 나쁘게 한 사람을 욕해주고 그러죠. 쓰다 보면 짧은 이야기가 될 때도 있어요."

"그 일기 좀 볼 수 있을까요?"

그는 잠시 망설이더니 가방 속을 뒤적여 두꺼운 노트 세 권을 꺼내 내밀었다. 나는 그것들을 훑어본 다음 그에게 말했다.

"당신, 작가가 되는 게 어때요?"

"예에?"

그가 두 눈을 크게 떴다. 나는 고개를 끄덕이며 다시 한 번 말했다.

"작가요."

"지금 농담하는 거 아니죠?"

"당연히 아니에요. 당신이 가장 좋아하는 일이 글쓰기라는 걸 여태 몰랐어요?"

"글쓰기가 좋은 건 맞지만…. 하지만 이런 것도 글로 치나요?"

그가 반신반의하는 얼굴로 물었다.

"물론이죠. 당신이 쓴 글이 책으로 나오려면 노력은 해야겠지만. 그래도 최소한 확신할 수 있는 것은 당신이 글쓰기를 무척 좋아한다는 거예요. 아닌가요?"

내 말을 듣고 그는 깊은 생각에 빠졌다. 십 분쯤 후, 갑자기 그의 얼굴이 등을 켠 듯 밝아졌다.

"맞아요. 당신의 말을 듣고 보니 정말로 그래요. 이런저런 생각을 하면서 무언가를 쓰는 습관이 있고 하루라도 쓰지 않으면 뭔가 빠진 것 같은 기분이 들어요. 이게 바로 내가 좋아하는 일이라는 걸 전에는 왜 몰랐을까요?"

"그건 너무 익숙하기 때문이에요. 익숙해서 보이지 않았던 거죠."

내가 말했다. 그가 진지하게 대꾸했다.

"그럴 수도 있겠네요. 잘 생각해봐야겠어요. 작가가 되는 것 말이에요. 어쩌면 그것이 내 꿈을 이루는 길일 수도 있으니까."

"네, 해볼 만하죠."

나도 진지하게 대답해주었다. 그런데 그가 돌연 걱정스러운 말투로 물었다.

"만약 실패하면 어쩌죠?"

"열정이 있는데 무슨 걱정이에요."

"하지만 재능이 없을 수도 있잖아요."

"흥미가 있잖아요."

"하지만 재능이 없으면요!"

"재능이야 있을 수도 있고, 없을 수도 있죠. 하지만 흥미가 있고 열정이 있는데 시도는 해봐야 하지 않겠어요?"

"좋아요. 한번 해볼게요. 하지만 작가들은 다 가난하다던데."

나는 눈을 들어 그를 바라보았다. 더는 말하고 싶지가 않았다. 나는 참지 못하고 그를 문밖으로 밀어낸 다음 손을 흔들었다.

"잘 가요, 미혹 씨. 두 번 다시 보지 맙시다."

나는 문을 닫은 다음 아예 잠가버렸다. 문밖에서 그의 목소리가 들려왔다.

"솔직 씨, 나 또 올 거예요. 작가가 되지 못하면 말이에요."

나는 대답하지 않았다. 사실은 그에게 이 말을 무척 해주고 싶긴 했다. 자신의 꿈을 위해 위험을 감수할 수 없다면, 끓는 피니 열정이니 성공이니 따위의 말은 하지 말라고. 그럴 바에야 그저 스스로 동맥을 끊어 뜨거운 피를 쏟아버린 채, 조용히 인형이 되면 그만이라고.

그러나 나는 이미 그와 말을 섞고 싶지 않았으므로 그만두기로 했다. 혼자 조용히 차나 마셔야겠다.

환상 씨

환상이 하는 엄청난 일

그토록 비현실적인 환상이건만 나는 그 안에서 안정을 찾는다.
마음이 더는 기우뚱대지 않고, 나아갈 방향을 잃고 갈팡질팡하지 않으며,
나 자신 또한 솔직해지기 시작한다.

환상 씨는 긴 머리를 늘어뜨린 열여섯 살짜리 소년이었다. 외모가 준수하고 눈동자에서 반짝반짝 빛이 났다. 그는 어느 날 저녁에 나타났는데, 그때 나는 공허함에 사로잡힌 채 컴퓨터 앞에 멍하니 앉아 있었다. 피폐했던 과거와 불안한 미래를 생각하느라 시간이 얼마나 흘렀는지도 알지 못했다. 그때 홀연히 나타난 환상 씨는 내 맞은편에 놓인 소파 위에 앉아 청량한 미소를 지어 보였다.

나도 그를 향해 웃으며, 손님이 오면 으레 그러듯 담배를 한 개비 내밀었다. 그는 손을 흔들며 거절했다.

"난 그런 데엔 별 흥미 없어요. 담배는 자신을 충분히 아끼지 않는 사람들이나 피우는 거죠."

"착하네." 나는 내밀었던 담배를 입에 물고 불을 붙였다. "오늘은 어떻게 왔니?"

"당신을 도우려고요."

그의 대답이 뜻밖이어서 내가 물었다.

"어째서 네 도움이 필요하다고 생각했지?"

그는 양손을 펼치며 입을 열었다.

"아닌 척하지 말아요. 당신 마음이 패배감으로 꽉 차 있는 게 훤히 보이니까. 패배감에 사로잡히면 과거를 제대로 이해하지도, 미래를 또렷이 볼 수도 없죠. 그게 조금씩 활력을 갉아먹다가, 지금은 우울함이 당신을 서서히 잠식하고 있어요. 이대로 가다간 완전히 주저

앉고 말겠죠. 그런데도 도움이 필요하지 않단 말인가요?"

진지하고도 자랑스러워하는 그의 표정에 나도 모르게 웃고 말았다.

"사실 그렇게까지 심각하지는 않아. 그냥 좀 의기소침했던 것뿐이지. 정상적인 감정이잖아? 누구나 그럴 때가 있는 법이지. 이런 기분은 예전에도 느껴봤지만 완전히 주저앉는다거나 하지는 않았다고."

"우스운 소리 말아요. 내가 아니었다면 당신은 진즉 활력을 잃고 말았을 테니."

그는 굉장히 진심 어린 눈으로 나를 보며 말했다.

"어린 친구, 그 말은 좀 허풍 같은데. 네가 예전에 날 어떻게 도왔는지 한번 말해보지그래."

나는 내가 의기소침한 감정을 이겨내기 위해 환상의 도움을 받았다는 것이 조금도 믿기지 않았다. 그는 몹시 실망한 얼굴로 나를 바라보았다.

"다른 친구들의 말이 맞는 것 같네요. 당신은 정말 고집스럽고 자존심이 강한 사람이에요. 상담 때문이 아니었다면, 당신은 평생 가도 당신 마음속에 사는 우리를 신경조차 쓰지 않았을 거예요."

그 말을 듣자 나는 조금 부끄러워졌다. 아마도 그가 내 약점을 정확히 찔렀기 때문이리라.

"예를 들어볼게요." 그가 말을 이었다. "한 일 년 전쯤, 캐딜락 한 대가 등 뒤에서 빵빵대면서 당신더러 비키라고 했었죠? 어느 젊은 녀석이 그 차를 몰고 지나가면서 욕까지 했잖아요. 그때 기분이 어땠죠? 기억나요?"

가만히 떠올려보니 정말로 그런 일이 있었다. 당시 고개를 숙인 채 무언가를 생각하느라 잠시 찻길을 막은 셈이 됐는데, 웬 교양 없는 녀석이 갑자기 내게 욕을 하는 것이었다. 그러더니 내가 되받아칠 틈도 주지 않고 쌩하니 차를 몰아 사라져버렸다. 욕먹고 되갚아주지 못하는 상황의 기분이란 몹시 더러운 것이어서, 다시 생각해도 화가 날 지경이었다.

"맞아. 그런 일이 있었지." 나는 고개를 끄덕였다. "하지만 그거랑 네가 무슨 관계지?"

"그때 가장 먼저 어떤 기분이었는지 기억해요?"

"놀랐지. 그다음엔 화가 났고."

"그다음에는요?"

"그 차 뒤에다 대고 욕을 몇 마디 해줬고."

"그다음엔?"

"화가 나서 씩씩댔어."

"화만 났나요?"

나는 한참 동안 관자놀이를 문지르다 대답했다.

"그래, 솔직히 말할게. 부럽고 질투 나서 죽을 것 같았지."

"그렇죠. 그래서 어떻게 했죠? 정확히 어떤 생각을 했나요?"

그가 질문을 쉬지 않았다. 나는 길게 한숨을 내쉬었다.

"무슨 뜻인지 알겠군. 그때 나는 네 존재를 느꼈어. 그 몇 분 동안 나는 상상했지. 실은 내게 엄청난 부자 삼촌이 있어서 마음만 먹으면 캐딜락보다 훨씬 좋은 차도 얻을 수 있다고. 또 원하기만 하면 삼촌이 사업 자금도 대줄 테지만 순전히 내 힘으로 사업을 이루고 싶어 도움을 거절한 거라고. '자수성가한 사람이 대단한 거지 방금 지나간 부잣집 망나니 아들 같은 녀석들은 쓸모없는 기생충일 뿐이야. 돈 있는 부모가 아니었다면 볼 것도 없이 백수건달 짓이나 했겠지.' 그렇게 생각하고 나니까 기분이 한결 나아졌어. 나는 그 남자보다 못하지 않고, 오히려 훨씬 더 나은 사람이라는 생각이 들었으니까. 최소한 나는 내 능력을 갖춘 의식 있는 남자고 내 인생은 저런 기생충 같은 삶보다 훨씬 의미 있다고 말이야."

거기까지 듣고 난 그가 웃었다.

"아주 좋아요. 드디어 인정하셨네요."

나도 그를 향해 웃었다.

"그래. 너는 정말로 내가 마음을 가라앉히도록 해줬어."

"그런데 정말로 그것뿐인가요? 다른 역할은 없었고요?"

그는 다시 불만스러운 얼굴을 했다. 나는 솔직하게 말했다.

"그럼 아니란 말이야? 다른 건 진짜로 생각이 안 나는데."

"흠, 정말로 기억력이 나쁘네요. 생각해봐요. 그날 집에 돌아와서 뭘 했죠?"

그의 질문에 다시 한 번 생각을 해보았다. 그때 일이 조금씩 기억났다. 나는 그날 집으로 돌아와 오 년짜리 계획을 세웠는데, 방금 전 떠올린 환상이 직접적인 원인이었다. 먼저 나는 내 힘으로 성공하고 싶어졌다. 어떻게 해야 성공할 수 있을까? 먼저 내가 좋아하는 일과 잘하는 일부터 찾아야 했다. 그날 저녁에는 생각의 날개가 유독 넓게 펼쳐졌다. 성장 과정을 스스로 되짚어본 결과, 나는 흥미로나 특기로나 심리상담사가 제격이라는 사실을 깨닫게 되었다. 그 일은 떠올리기만 해도 흥분이 되었는데, 평소 나는 심리상담이야말로 세상에서 가장 의미 있는 일이라고 생각했기 때문이다. 그래서 그날 밤, 훌륭한 심리상담사가 되는 것을 최종 목표로 삼고 5개년 계획을 세운 것이다. 그렇게 세운 계획서에 따라 지금까지 일 년가량 노력을 계속해왔다.

"알았어, 인정할게. 너는 내 기분을 좋게 해주었을 뿐만 아니라 어느 정도는, 내가 올바른 방향을 찾도록 도와줬어."

나는 그를 향해 고개를 끄덕이며 그를 좀 인정하기 시작했다.

"그저 방향만 찾게 해줬을까요?"

환상 씨는 여기서 멈출 생각이 없어 보였다. 하지만 아무리 생각해도 그의 다른 장점이 더는 떠오르지 않았다. 나는 할 수 없이 미안하다고 말했다.

"좋아요." 그가 말했다. "당신은 환상에 대해 아주 큰 오해를 하고 있는 것 같네요. 당신은 환상이 그저 비현실적인 생각이라고 여기고 있죠?"

"그럼, 아니야?"

내가 되물었다.

"물론 아니죠. 그렇게 생각한다면 정말이지 천부당만부당하다고요. 환상을 포함해서, 이 세상에 이유 없이 존재하는 것은 하나도 없어요. 환상이 사람의 마음속에 존재할 수 있는 것은 분명 현실적인 까닭이 있기 때문이죠."

"한번 들어나 보자."

나는 여전히 반신반의했다.

"환상이 뭘까요? 환상은 언뜻 보면 비현실적인, 말도 안 되는 소망이에요. 이런 소망이 현실적이지 않아 보이는 이유가 뭘까요? 현실 속에는 그 소망이 들어앉을 자리가 없기 때문이죠. 바꿔 말해서, 소망은 현실에서는 실현될 수 없는 거예요. 매우 이루고 싶은 소망인데 절대로 실현될 수 없다면 어떻게 해야 할까요? 당연히 저 환상이가 나서서 도움을 드려야죠. 안 그러면 모순을 해결할 수 없으니까요. 그렇지 않나요?"

이쯤 되자 나는 더 참지 못하고 끼어들 수밖에 없었다.

"일리가 있는 것 같긴 하지만 말이다. 그렇다면 사람들은 왜 어차피 실현될 수 없는 소망을 품게 되는 거지?"

환상 씨는 웃으며 말했다.

"당신은 성격이 너무 급해서 탈이네요. 바로 그걸 이야기하려는 참이거든요."

나는 얼른 고개를 숙이며 웃었다.

"아, 쏘리. 계속하시죠."

"소망이나 꿈, 이상은 근본적으로 내재동기에서 비롯돼요. 개인이 어떤 일을 하고 싶다는 욕구가 생겼을 때는 반드시 이유가 있기 마련인데, 그건 그 일이 자신의 내면에 어떤 이득을 가져오기 때문이죠. 외제차를 모는 사람에게 욕을 먹은 당신이 화가 났을 때, 환상의 힘을 빌려 마음을 다시 편안하게 했던 것처럼 말이에요. 그게 어떻게 가능했을까요? 그건 그 환상이 당신에게 내재된 어떤 욕망에 부합했기 때문이죠. 외제차는 무엇을 상징하나요? 부와 지위를 상징하잖아요. 부와 지위에 대한 강한 염원이 바로 환상을 빚어낸 내재동기예요. 실제로 외제차를 몬다고 해서 꼭 차주라는 법은 없어요. 월급쟁이 기사가 주인을 태우러 가는 길이었을 수도 있죠. 그런데 당신은 고민할 것도 없이 그 남자가 부잣집 아들이라고 생각하고 분노와 멸시를 퍼부었어요. 이것은 부와 지위에 대한 당신 내면의 욕구 불만이 몹시 심하다는 것을 뜻해요. 그러니 외부에서 아주 사소한 자극만 주어져도 미친 듯이 발끈하는 거죠. 믿지 못하겠다면 한번 상상해보세요. 그날 당신에게 욕을 한 사람이 캐딜락 말고 트럭을 끌고 있었다면 어떤 마음이 들었을까요?"

나는 잠시 생각해본 뒤 솔직하게 말했다.

"기껏해야 욕이나 한마디 해줬을 테고, 아마도 그런 환상을 떠올리진 않았겠지. 그래, 네 말이 맞을지도 모르겠어. 하지만 나는 부와 지위에 대한 욕망이 그렇게 대단하지는 않은 것 같거든. 사실 나는 내가 명리를 좇지 않는다고 생각해왔고, 심지어는 물질적인 기준도 높지 않다고 생각해. 내가 정말로 원하는 건 오히려 소리 없이 봉사하는 삶이고, 내 힘으로 속세의 괴로움에서 벗어나 최대한 많은 사람을 돕는 것이 꿈이니까. 그 꿈을 이루고 나면 어디 조용한 곳에 은거하면서 소박하고 평화롭게 늙어가고…."

"웃기지 말아요." 더는 못 봐주겠다는 듯 그가 내 말을 싹둑 잘랐다. "당신을 가르친 선생님이 어째서 당신 자신부터 똑바로 알라고 했는지, 이제 알겠죠? 그건 당신이 정말로 원하는 것이 무엇인지 전혀 모르고 있기 때문이에요. 아, 너무 직설적으로 말해서 미안해요. 도저히 못 참겠어서."

그의 격한 반응에 좀 놀라긴 했지만, 나는 끝까지 반문했다.

"그럼 아니란 말이야? 나는 정말로 그렇게 생각한다고!"

"진정한 자신을 알려면 아직 한참 먼 것 같네요. 좋아요. 그럼 그 꿈부터 짚어보죠. 사람들이 정신적인 고통에서 벗어나도록 무엇을, 어떻게 해줄 건가요? 세상에 능력 있는 사람들이 얼마나 많은데, 왜 하필이면 당신이 그걸 하겠다는 거예요?"

"그야 그게 내 꿈이니까. 나는 나 자신에게 소질과 능력이 있다고 생각하고, 그게 바로 내 삶의 가치라고 느끼니까."

나는 평소 생각해온 바를 이야기했다.

"그러니까, 당신 자신이 남들보다 뛰어나다고 생각하는 거네요? 그렇죠?"

그의 질문은 마치 고삐를 조여오는 것 같았다.

"그런 게 아니라 내 말은…."

"말 돌리지 말아요. 정신적으로 뛰어나다고 여기지 않는다면 어떻게 남들을 고통에서 건져주겠다는 꿈을 품겠어요? 본질적으로 당신은 자신이 뛰어나다고 생각하는 거예요. 남들과 다르고, 타인의 정신세계를 꿰뚫어 볼 수 있다고 믿는 거죠. 남들보다 생각이 깊어서 그들이 보지 못하는 곳까지 볼 수 있고, 당사자보다 그들을 더 잘 이해한다고 말이에요. 그래서 타인을 고통 밖으로 이끌어 치유할 수 있는 거고. 아닌가요?"

"그래, 네 말이 맞다."

나는 논쟁을 포기했다.

"당신이 사람들을 돕고 싶어 하는 건, 근본적으로는 그들의 인정과 추종을 받으려는 욕구죠. 잠재의식 속에서 당신 자신을 구세주로 만들어놓고 모든 사람의 정신적 스승이 되려고 안달하는 거예요. 일단 그 수준까지 도달하면 당신이 아무리 조용히 살고 싶어도 사람들은 당신을 잊지 못할 테고, 계속해서 그리워하며 찬양하겠죠. 그럼 왜 은거하겠다는 생각을 했을까요? 그건 명예를 좇으려는 심리때문이에요. 내가 얼마나 고상하고 깨끗한지 사람들에게 보여주고 싶은 거죠. 사실은 권력욕에 눈이 어두운 것인데도."

그의 말이 길어질수록 표현이 점점 거칠어진다는 느낌이 들었다.

"어이, 그건 좀 너무 갔는데. 나는 구세주 같은 거 할 생각이 없다고. 아니, 설령 내가 정말로 구세주가 되고 싶어 한다 쳐도 권력욕이랑은 또 무슨 관계란 말이야? 나는 사람들을 순수하게 돕고 싶은 거지 그런 사심 때문에 돕고자 하는 게 아니야!"

그의 말에 자극을 받아 나도 조금씩 화가 나기 시작했다.

"세상에 사람들의 추종을 받는 것보다 더 큰 권력이 있나요? 대중의 추앙을 갈구하는 것보다 더 큰 사심이 있냐고요. 그렇게 생각하는 것이 권력욕이 아니라는 말이에요?"

그가 차가운 눈으로 나를 쏘아보며 물었다.

나는 한참의 침묵 끝에 입을 열었다.

"그래, 그런 경향이 있다는 건 인정해. 구세주 따위 될 생각은 단한 번도 해본 적 없지만, 사람들의 인정과 추종을 받고 싶다는 마음은 있어. 나는 순수한 자원봉사자도 아니고, 대중이 나를 심리적으로 의지하고 신뢰하도록 만들어서 일정한 지위와 부까지 얻으려는 생각을 했어. 그래, 인정한다. 알고 보니 나도 속물이네."

"인정했으니 됐어요. 사실 당신의 진짜 마음은 환상이 이미 남김없이 보여줬죠. 당신과 이렇게 논쟁한 건, 실은 말해주고 싶은 것이 있어서였어요. 환상은 사람의 내면을 편안하게 해주고 나아갈 방향을 찾아주지만, 거기서 끝이 아니에요. 더 중요한 역할이 있죠. 바로 진정한 자신을 똑바로 보고, 자기기만을 그만두도록 하는 거랍니다."

그는 다시 온화한 모습으로 돌아가 차분한 자세로 앉았다.

"하지만 그것도 완전히 이해되지는 않아. 자신의 진짜 욕망을 제대로 보는 것이 과연 진정한 자신을 인식하는 걸까? 환상 속의 나는 실제 사건으로 왜곡된 모습인데 그게 진정한 자신이라는 말이야?"

나는 여전히 이해할 수 없었다.

"환상은 당신이 가장 되고 싶어 하는 상태를 보여줘요. 저는 특정 사건으로 왜곡된 인격 같은 건 존재하지 않는다고 보거든요. 어떤 인격이 나타난다는 것은 원래부터 당신 안에 그런 인격이 존재했다는 뜻이고, 사건은 그 인격을 보여주는 촉매 역할을 할 뿐이죠. 모든 인격은 본질적으로 일종의 심리적 필요이고, 욕망의 화신이고, 영혼의 어떤 '블랙홀'이 모습을 드러내는 거예요.. 그러니까 환상은 당신의 내면에서 가장 힘이 센 욕망이 어떤 것인지를 정확히 볼 수 있게 해주는 거고요. 다시 말해 당신의 인생에서 가장 중요한 것이 무엇인지를 환상이 알려준다는 거죠."

"그렇다면 환상은 정말로 멋진 건데, 어째서 많은 이들이 환상 속에서 미쳐버리는 거지?"

내가 물었다.

"그건 도피 심리 때문이에요. 환상은 도피에서 시작되거든요. 현실 속에서는 욕망을 만족시킬 수 없으니 환상을 품기 시작하고, 일시적인 만족으로 완충 작용을 얻는 거죠. 그러나 의지가 약하고 게으른 사람들은 실천을 함으로써 어려움을 극복하려 하지 않고 계속 환상으로만 만족하려고 들어요. 그렇게 거기에만 빠져서 환상이 주는 암시나 그 뒤에 숨겨진 진짜 동기와 염원을 보지 않으면, 그리고 그 환상을 현실로 만들려는 노력을 하지 않으면 현실과 당신 사이에 균열이 생기죠. 환상과 현실이 오랫동안 충돌하면 당신의 내면은 현실에서 완전히 동떨어지게 되고, 꿈을 이룰 힘을 서서히 잃어버려 결국엔 정신질환자로 전락하게 돼요. 이럴 때는 용감하게 현실을 직시하는 것이 도피보다 훨씬 가치 있는 행동이죠. 도피란 당신이 눈앞의 문제를 해결할 능력이 없다는 걸 의미하거든요. 당신 스스로도 현실 속의 그런 자신을 업신여기니까 환상이라는 방식으로 부정하고 대체하려 하는 거예요. 그렇게 되면 당신은 성장이 더뎌지거나 아예 퇴행하여 환상 속의 모습과는 점점 더 멀어지고 말지요. 결국 당신은 현실과 완전히 분리되어 자신이 만든 환상세계에서 살게 되고, 내면은 더없이 약해져 외부의 자극이 조금만 가해져도 곧장 정신적으로 붕괴할 수 있어요."

"그렇다면 환상은 굉장히 위험한 거네."

내가 말했다.

"그렇죠. 그러니까 늘 충분한 감각과 용기를 지녀야 해요. 환상이 보여주는 정보를 제때 알아차리고 분석해서 읽어내고요. 그렇게 당신 내면의 가장 큰 욕망을 들여다보고 실현하도록 해야죠. 그럼 이상적인 당신과 현실 속 당신의 거리가 좁아지고, 심지어는 둘이 완전히 일치될 수도 있으니까요."

"일리 있는 말이야. 하지만 솔직히 내가 그런 감각과 용기를 계속 유지할 수 있을지는 모르겠어. 환상이 그렇게 위험하다면 그냥 없애면 안 될까?"

나는 걱정스럽게 물었다.

"안 되죠." 그가 웃으며 말했다. "그건 인간의 천성이에요. 저 환상이가 없다면 인류의 문명도 발전하지 못한답니다."

나는 입을 삐죽였다.

"또 허풍 치네, 이 친구. 내 생각은 내가 통제할 수 있다고. 내 의지력으로 환상에서 벗어나고 말겠어."

"당신에게 욕망이 있는 한, 그리고 당신이 현실 속에서 살아가는 한 환상은 반드시 존재해요. 당신이 환상에서 벗어나고 싶다고 생각하는 것도 실은 일종의 환상이죠. 안 그래요?"

그가 내 눈을 똑바로 보며 물었다. 나는 한참 동안 생각에 빠진 채 말을 하지 않았다.

"그러니 안심하고 날 받아들이는 게 좋을 거예요. 나와 잘 지내는 법도 익히고 말이죠. 환상은 위험하지만 인생의 해답도 거기에 있으니까요. 게다가 내게서 벗어날 방법도 없다니까요?"

말을 마친 그는 교활하게 웃었고, 나도 별수 없이 웃어버렸다.

그리움 씨

과거를 놓지 못하는 까닭

나의 과거는 연기처럼 흩어지지 않는다.
흩어지지 않을뿐더러 때로는 너무나 선명하다.
나는 지나간 일의 느낌이 좋다. 씁쓸한 것도 달콤한 것도 검은 것도 흰 것도,
돌이켜보면 하나같이 너무도 아름다워서 인생의 묘미를 더해주니까.
때로 과거는 나를 고요하게도 한다.
그것이 애수에 젖은 고요라 할지라도, 나는 그 안에서 지혜의 존재를 느낀다.

"솔직 씨, 우리 얘기 좀 합시다."

안경을 쓴 중년 남자가 나를 향해 천천히 걸어왔다. 나는 들고 있던 물잔을 내려놓고 그를 바라보았다. 단정하고 교양이 넘치는 모습이었는데, 갖은 풍파를 겪은 것 같기도 하고, 어딘가 애수에 젖은 듯해 은근히 분위기가 있었다. 이 남자는 어떤 인격일까? 나는 조용히 추측하며 그를 향해 웃어 보였다.

"누구시죠?"

"그리움이오. 나를 모르진 않을 텐데?"

그는 품위 있게 웃으며 내 맞은편에 앉았다.

당연히 알고 있다. 어쩐지 어디서 본 것 같더라니. 그렇다. 나는 쉽게 무언가를 그리워하는 사람이고, 그렇게 그리워할 때면 상상 속의 나는 아마 저런 모습일 것이다.

"그래요." 나도 의자에 앉으며 그에게 물을 한잔 따라 내밀었다. "얘기를 시작해볼까요?"

"그럽시다."

우리는 대화를 시작했다.

그: 실은 이해가 되질 않아요. 과거가 '연기처럼 흩어진다'고 하는 사람은 대체 무슨 심정인 건지. 내가 볼 때 과거는 절대 흩어지지 않거든요. 지난 일은 늘 또렷이 기억나고 생생한데 말입

니다. 당신은 어때요? 과거가 정말 연기 같습니까?

나: 과거가 현재를 만드는 거니 물론 연기처럼 쉽게 사라지진 않죠. 그런데도 사람들은 어떻게 해서든 과거에서 벗어나려 해요. 어떤 과거는 우리를 고통스럽게 하고, 현재의 삶에 집중할 수 없도록 하니까요. '어제의 일은 잊자'고 하는 건 해로운 것을 피하려는 인간의 천성에서 나오는 발상이에요. 과거에 빠져 있기보다는 과거와의 관계를 빨리 단절하고 오늘을 살자, 내일을 바라보자, 뭐 그런 거죠. 하지만 그게 말처럼 쉽나요. 과거는 어떤 응어리와 에너지를 품고 있어요. 그 응어리가 완전히 풀어지지 않으면 에너지도 고스란히 갇히게 되죠. 그러니까 '과거는 연기처럼 흩어졌어'라고 하는 사람들은 그 응어리를 억지로 눌러놓았거나, 아니면 정말로 모두 풀어버린 사람인 거예요.

그: 그 말에 동의합니다. 당신의 인격 가운데 나는 과거를 대표하고 있어요. 내가 과거의 어떤 일에 매여 있는지 아주 잘 알고 있지요. 사랑을 예로 들어볼까요? 사랑이 끝나고 한참이 흘러 새로운 사랑을 시작해야 할 때가 되었는데도, 그럴 기미가 안 보여요. 왜 이렇게 더딜까? 곰곰이 생각해보니 알겠더군요. 옛 감정이 도저히 사라지지 않으니 새로운 감정을 시작할 수 없었던 거죠.

나: 맞아요. 어쩌면 현실 속의 옛 연인은 이미 떠나버렸고, 당신의 삶에서 완전히 사라진 것 같아도 여전히 마음속에 살고 있는 건지도 몰라요. 애써 떠올리려 하지 않아도 수시로 나타나 당신을 일깨우고 성가시게 하고 또 슬프게 하죠. 그 사람은 단단한 사슬이 되어 당신이 멀리 벗어날 수 없도록 만들어요. 아주 좁은 문처럼 그 안에 갇혀 밖으로 나갈 수 없게 하죠.

그: 사람의 마음은 무엇이 지나가도 아무런 흔적이 남지 않는 하늘이 아닙니다. 부드러운 모래사장처럼, 사소한 사건에도 쉽게 흔적이 남아요. 스스로 그 흔적을 지우지 않으면 언제까지고 그 자리에 남을 뿐 저절로 사라지지 않지요. 우리가 과거에서 벗어날 수 없는 것은 대부분 채워지지 않은 감정과 소망, 미처 대면하지 못했던 공포가 남아 있기 때문이죠. 하지만 그 감정과 소망, 공포를 어떻게 이해할 수 있을까요? 어떤 소망은 처음부터 이루어질 리 없다는 것을 아는데도 계속 그 자리에 있기도 해요. 무척이나 생생하고 또 강렬한 모습으로.

나: 맞아요. 그래서 차분하게 나 자신과 깊이 교류해야 하는 거예요. 감정을 정리하고 흔적을 매만져 마음의 모래사장을 다시 평평하게 만들어야 하죠. 그래야 새로운 감정이 흔적을 남길 자리가 생기니까요.

그: 나 자신과 깊이 교류하고 과거의 감정을 정리하려면 어떻게

해야 하지요?

나: 그건 먼저 용감해져야 할 것 같은데요. 우리가 곤란한 상황에 빠지는 이유는 대개 너무 안일하게 생각하거나, 마음이 너무 약하거나, 진실을 마주할 용기가 부족하기 때문이죠. 그래서 용기를 갖고 스스로를 몰아붙여야 해요. 진실을 대면하도록 자신을 다그치고 내면의 상태를 성찰해야 하고요. 물론 그러려면 과거에 매달리는 자신의 모습에 염증이 났다는 것이 전제되어야 하겠지만요. '바뀌지 않으면 제대로 살아갈 수 없겠구나' 하는 걸 먼저 깨달아야죠. 실제로 우리는 과거에 매달리면서 일종의 쾌감을 느끼기도 해요. 행복했거나 아팠던 기억을 즐기는 건데, 이런 쾌감은 중독성이 있어서 뜻대로 되지 않는 현실에서 도피하도록 해줘요. 과거에 일어난 일은 이미 결말이 나버렸기 때문에, 그걸 떠올리면 세상과 삶이 더욱 확실해지고 안정적으로 느껴지니까요.

그: 당신 말은 그러니까, 우리가 지난 기억에 빠져드는 그 느낌을 사랑하기 때문에 과거에서 헤어나지 못한다는 뜻입니까? 스스로를 다그쳐서 거기에서 빠져나올 수 있어야 한다는 건가요?

나: 맞아요, 그런 뜻이죠.

그: 무척 그럴듯하게 들리는군요. 자신을 어떻게 다그쳐야 하는

지 예를 들어주겠어요?

나: 음, 그럼 저도 사랑을 예로 들어볼게요. 싱글인 당신 눈앞에 아주 멋진 여자가 나타났어요. 마음은 움직이는데 아무리 해도 고백할 생각도 힘도 생기질 않는 거예요. 상대가 당신에게 호감을 보이는데도 당신은 그걸 받아들일 용기조차 내지 못하죠. 결국 두 눈 멀쩡히 뜨고서 그 사람을 놓쳐버렸어요. 당신은 후회하기 시작했고, 아깝다는 생각이 들고 슬퍼졌죠. 그 후 또 괜찮은 여자가 나타났고 당신의 마음은 또 움직였지만 이번에도 그냥 놓치고 말았어요. 다른 사람의 품으로 가버린 그녀를 보면서 당신은 다시 후회하고 아쉽고 슬펐고요. 그리고 또 멋진 여자가 나타났지만 당신은…. 이런 식으로 반복하다 보면 결국은 사랑을 시작도 할 수 없게 되어버리죠. 시간이 흐르면 당신은 신을 원망할 거예요. 하늘에다 대고 외치기도 하겠죠. 어째서 내게만 이렇게 인색하고 불공평하냐고. 자, 지금 당신은 미망에 빠지기 일보 직전이에요. 어떻게 해야 할까요?

그: 어떻게 해야 하는데요?

나: 그럴 땐 용기를 내보세요. 자기 머리를 한 대 쳐주고 멈추라고 하는 거죠. 그리고 물어보세요. '왜일까? 이건 대체 누구의 잘 못일까?' 그러면 깨닫게 될 거예요. 신은 멋진 여자를 당신 앞

에 보내주었고 당신의 마음도 움직였지만, 바로 당신이 행동하지 않았던 거라고. 아니, 행동은 고사하고 상황을 받아들일 배짱조차 없었다고. 그러니 그건 신의 잘못이 아닌 거죠. 당신은 왜 그랬을까요? 그 여자가 마음에 들지 않아서? 그렇게 말할 수도 없으니 여자의 잘못도 아니에요. 그렇다면 문제는 당신 자신이겠죠.

그럼 이제 내 문제는 대체 무엇일지 생각해봐요. '아, 나는 사랑이라는 것에 실망했기 때문에 내 마음을 움직인 여자도 믿지 못했던 거구나.' 그럼 왜 실망하고 믿지 못할까? '내가 좋아한 여자들은 다 비슷한 유형이었는데, 그녀들은 하나같이 내게 몹시도 불쾌한 기억을 주었으니까.' 불쾌하다면서 왜 계속 그런 여자들을 좋아할까? '아, 내가 그런 여자들을 좋아하는 게 아니라 그녀들이 내 마음에 아쉬움과 두려움, 못마땅함을 남겼기 때문이지. 그걸 메우고 다시 사랑하고 싶지만 다시 상처받을 것이 두렵기도 해. 나도 모르는 사이 이런 마음을 비슷한 여자들에게 투영하니까 호감이 생겨도 행동할 수 없게 되는 거지.' 하지만 당신은 이런 것도 깨닫게 될 거예요. 그런 심리는 밖으로 표출되는 동시에 안으로도 쌓여 종종 알 수 없는 슬픔과 실망을 느끼게 되고, 그래서 과거를 자꾸만 떠올리게 된다는 것을요.

그: 듣고 보니 정말 괜찮은 방법 같군요. 그런데 자기 마음의 뿌리를 알면 반드시 거기서 벗어날 수 있습니까? 실은 저도 그런 방법을 은연중에 혹은 의식적으로 써보았지만 효과가 썩 좋지는 않았거든요.

나: 이렇게 자문하는 방법은 대부분 사람이 하고 있는 거고, 딱히 대단한 비법이랄 것도 없어요. 특정한 감정을 더는 감당할 수 없게 되면 사람은 자연스럽게 거기서 벗어날 방법을 찾기 마련이니까요. 하지만 단순히 대응책을 생각해내는 것만으로는 부족하죠. 설령 그 방법이 타당하다 할지라도요. 왜냐면 보통 사람들은 '화장실 들어갈 때와 나올 때가 다르기' 때문이죠. 도저히 참지 못할 것 같았던 감정이 천천히 풀리고 좀 살 만해지면 그렇게 힘들던 그 감정이 또다시 매력적으로 보이거든요. 그래서 또 같은 일을 되풀이하는 거예요. 그러지 않으려면, 수시로 자신의 의지를 환기시켜 끝까지 유지해나갈 수 있도록 해야 해요. 금연이나 금주와 마찬가지로 의지가 필요한 과정이니까요.

그: 그래요. 의지가 생기려면 무조건 그만두겠다는 마음이 있어야겠죠. 내가 여태 담배를 끊지 못한 건 흡연의 쾌감을 포기하지 못해서니까.

나: 그렇죠.

그: 그런데 '다그치기'라는 방식은 좀 거칠어서, 저와는 별로 맞지 않는 것 같습니다만? 보다시피 저는 성격이 온화한 편이거든요.

나: 아, 맞는 말씀이에요. 성격이 비교적 부드럽고 섬세한 사람에게는 이 방법이 적합하지 않을 수도 있어요. 그럼 조용히 좌정하고 생각하는 건 어떨까요? 고요하고 평화롭게 할 수 있으니까 조용한 걸 좋아하고 인내심이 많은 사람에게 적합하겠네요.

그는 좀 흥미를 보이는 것 같았다.

"어디 한번 들어봅시다."

나: 쉬는 날에 조용한 곳을 골라보는 거예요. 수도승처럼 단단히 가부좌를 틀거나 할 필요는 없고, 그저 몸을 편안히 하면 됩니다. 푹신한 안락의자에 기대앉는 것처럼 말이죠. 듣기 좋은 조용한 음악을 틀어도 좋지만 음악은 꼭 없어도 돼요. 최대한 느긋하고 편안한 분위기를 만든 다음 아무것도 생각하지 마세요. 이 순간만큼은 당신이 평소에 어떤 고민을 하건, 머릿속에 얼마나 많은 잡동사니가 들어 있건 신경 쓰지 마세요. 그냥 그것들이 자유롭게 날아다니도록 내버려 두는 거예요. 이리저

리 날아다니는 상념들 가운데 당신의 시야를 벗어나지 않는 생각이 나타날 때까지. 그리고 그 생각을 응시하면서, 당신 내면의 감정을 느껴보세요.

그: 그 생각이 너무 두려우면 어쩌지요?

나: 두렵다면 잠깐 눈을 뜨고 마음을 가라앉히세요. 그런 다음 자신에게 말하는 거죠. 이건 그냥 상상일 뿐이니까 아무리 무서운 생각이라도 현실로 나타나지는 않는다고. 그러니 이렇게 바라봐도 안전하다고. 그러고 나서 아까 말한 것들을 처음부터 다시 해보는 거예요. 내면의 생각을 조금 더 오래 응시하면서 천천히 그 뿌리를 들여다보세요. 뿌리에는 어떤 감정이 있을 수도 있고, 사람이나 사건이 있을 수도 있어요. 거기에서 당신이 원하는 해답을 찾을 수 있을 거예요.

그: 아, 그거 정말 괜찮은 방법이군요. 매일 해야 하나요?

나: 시간이 허락한다면 매일 한 차례씩 해도 되죠.

그: 또 다른 방법이 있을까요?

나: 일단은 이 정도인 것 같아요.

그가 웃으며 말했다.

"그거 압니까? 사실 난 과거를 완전히 끊어내고 싶지는 않아요. 나는 지나간 일의 느낌이 좋거든요. 씁쓸한 것도 달콤한 것도 검은 것도 흰 것도, 돌이켜보면 하나같이 너무도 아름다워서 인생의 묘미를 더해주지요. 때로는 나를 고요하게도 해줘요. 그것이 애수에 젖은 고요라 할지라도, 나는 그 안에서 지혜의 존재를 느끼지요. 오늘 내가 여기 온 것은 실은 당신 때문이었어요."

"저 때문이라고요?"

"그렇습니다. 당신이 요즘 과거에 빠져 있다는 걸 느끼지 못했나요? 과도하게 빠져 있다 보니 과거가 가져다주는 지혜를 잃어버리고 슬픔에만 젖어 있었지요. 참을 수 없이 눈물이 나는 일이 잦아지고 일상 속의 아름다운 것들도 보지 못하곤 했죠. 물론 나야 그리움이니 당신의 마음과 함께 있는 것이 좋았지만, 과거 때문에 현재를 망치는 건 정말 바라지 않습니다. 당신은 아직 젊으니까요."

그는 따뜻한 시선으로 나를 바라보며 말을 이었다.

"방금 논리는 아주 좋았어요. 당신에겐 자가치유 능력이 충분한 것 같으니, 한번 그렇게 해보지그래요?"

나를 다독이는 그를 향해 고개를 끄덕였다. 뭐라 이름 붙이기 어려운 감정이었다.

"고마워요, 그리움 씨."

"천만에요. 나는 이제 가봐야 할 것 같습니다. 잘 있어요, 젊은 친구."

그는 내 어깨를 툭툭 두드리고는, 우아한 모습으로 사라졌다.

외모 씨

문득 내가 낯설 때

어느 날 아침 문득 내가 낯설게 느껴진다면,
그건 당신이 조금씩 당신답지 않아지고,
진정한 자신에게서 멀어졌기 때문일 수도 있다.

외모 씨는 스물일곱 살의 여성이었다. 내가 외모 씨를 처음 보았을 때, 그녀는 거울 앞에 서서 한숨을 쉬고 있었다. 성격이 무척이나 섬세한 그녀는 특히 외모에 신경을 많이 썼다. 거의 매일같이 거울 앞에 서서 얼굴을 자세히 들여다보았는데, 아주 미세한 변화도 그녀의 눈을 피해 가지 못했다.

그녀는 엄청난 고뇌에 시달렸다. 어느 날부턴가 거울 속의 자신이 무척 낯설게 느껴지는 기분이 자주 들었던 것이다. 꼭 다른 영혼이 들러붙은 것처럼 늘어졌다가 젊어졌다가, 예뻤다가 못생겼다가 밤새 얼굴이 변하기 일쑤였다. 그녀가 알던 자신의 모습과는 달랐지만 자세히 보면 또 제 얼굴이 확실했다.

이번에 외모 씨가 나를 찾아온 것은 갑자기 얼굴이 밉게 변했기 때문이라고 했다. 이목구비는 아무리 뜯어봐도 그대로인데 전체적으로 보면 확실히 예전보다 훨씬 못생겨졌다는 것이다. 다른 사람들은 동감하지 못하거나 심지어 전혀 변하지 않았다고 말했지만, 그녀 자신은 믿지 못했다. 매번 거울에 비친 자신의 모습을 받아들이지 못했고 나중에는 거울을 들여다볼 엄두도 나지 않더라고 했다.

나는 그녀의 얼굴을 자세히 살펴봤다. 여전히 얌전하고 예쁜 얼굴이었다. 약간의 다크서클 때문에 좀 피곤해 보이는 것을 제외하면 어디가 못생겨졌다는 건지 전혀 알 수가 없었다. 나는 이렇게 물었다.

"자신에게 외모 말고 또 다른 쪽으로 불만이 있나요?"

그녀는 잠시 생각하는 것 같더니 곧 한숨을 쉬며 대답했다.

"엄청 많죠. 사는 것과 일하는 것, 모두 다 만족스럽다고 할 순 없어요."

"이를테면?"

"이를테면 해마다 여행을 많이 다니고 싶은데 현실은 감옥이죠. 돈도 시간도 없으니 손발이 묶여서 한 발짝도 움직이기가 힘들어요. 하고 싶은 것도 많았지만 하나도 해내지 못했고, 꿈도 많았는데 이룬 건 없고요."

"어떻게 하면 지금 상황을 바꿀 수 있을지 생각해본 적이 있나요?"

"내가 좀 대담해져야 하는 게 아닐까 하는 생각을 해요. 아까워서 차마 놓지 못하는 것들을 버리고, 마음에 들지 않는 것들에서 벗어나면 좀 나아지지 않을까. 아, 됐어요. 이런 얘긴 그만하죠. 말해봤자 소용도 없잖아요, 어차피 난 그렇게 하지 못할 텐데⋯ 대화가 엉뚱한 데로 샜네. 난 그냥 왜 내가 점점 못생겨지는지 그 이유를 알고 싶을 뿐이에요."

그녀는 조금 짜증이 난 것 같았다. 나는 웃으면서 서둘러 설명을 덧붙였다.

"내가 그런 질문을 한 이유는 이거예요. 당신 내면 깊은 곳에서부터 현재의 삶에 불만이 있거나, 심지어 극도로 실망했기 때문에 외모도 마음에 들지 않는 게 아닐까 싶어서요. 눈앞의 당신과 마음속의 당신이 한참 떨어져 있는 거죠. 그러니까 당신은 점점 당신답지 않게 살아가고 있는 거고, 진정한 자신에게서 자꾸만 멀어지는 겁니다. 어때요, 동의하나요?"

그녀는 조금 놀란 것 같았다.

"맞아요, 당신 말이 맞아. 정말로 그런 기분이에요. 하지만 그거랑 외모랑 무슨 관계가 있나요?"

"옛말에 '모습은 마음에서 비롯된다(相由心生)'고 했는데, 이 말은 심리학적으로도 근거가 있어요. 사람의 외모는 내면과 긴밀히 연결되어 있어서 외모를 내면의 척도라고도 한답니다. 이때 '모습(相)'이란 이중적인 의미로 물리적 형태와 심리적 형태를 뜻하죠. 물리적인 형태는 외모이고, 심리적 형태는 우리 내면의 환경과 기후예요. 당신이 기쁠 때면, 마음이 화창해지고 얼굴도 따라서 부드러워지죠. 당신이 화가 나면, 마음에도 천둥 번개가 치면서 얼굴 또한 흉악해져요. 당신이 우울해하면, 마음이 우중충해지고 얼굴도 침울해지고요. 또 야한 생각을 하면 마음이 불그스름해지면서 눈빛까지 음흉해지고….

특정한 심리 상태를 오랫동안 유지하고 있으면 외모에도 비슷한 변화가 따르기 마련이에요. 명랑하던 사람이 갑작스레 우울증에 걸

렸을 때, 일 년쯤 지나면 눈빛이 죽어버리고 전체적으로 염세적인 모습이 되고 말죠. 사람이 완전히 달라지는 거예요. 조용하던 사람도 어떤 사건을 계기로 상처를 받아 난폭해지면 일 년 후에는 포악한 분위기를 풍기고, 착하고 소박하던 사람이 정치적 암투에 휩쓸려 살아남으려고 간교를 부리다 보면 얼마 못 가 두 눈에 교활한 빛이 깃들게 되고요."

"그러니까 그쪽 뜻은, 내 마음이 점점 추해졌다는 말인가요?"

그녀는 다소 불쾌해 보였다.

"불만, 초조, 우울, 분노, 공포를 추하다고 한다면 당신의 내면에는 확실히 그런 감정들이 쌓여 있는 거예요. 마음의 상태가 외모를 결정한다는 걸 기억하세요. 사람의 내면은 분명 끊임없이 성장하거든요. 세상을 살다 보면 마음을 뒤흔드는 일들을 매일같이 경험하게 되죠. 이런 사건들은 날카로운 칼이나 폭탄처럼 고요한 마음의 강을 수시로 들쑤셔, 우리의 생각을 계속 변화하게 해요. 그게 바로 성장이죠. 예민한 사람들은 자신을 자극하는 모든 사건을 즉각적으로 인지하고 처리하기 때문에 자신의 상황을 충분히 관찰하고 받아들여서 대체로 적절하게 대응해요.

그런데 내면을 뒤흔드는 사건을 겪고도 잠깐 놀랐다가, 그것을 믿고 싶지 않거나 생각하고 싶지 않아서 고스란히 밀쳐두는 사람들도 있어요. 심리적 유연성이 떨어지는 유형인데, 자신의 내면을 그대로 유지하고 싶어 하죠. 바꿔 말해 자극을 수용하지 않고 거부하는 거예요. 그러나 현실은 마음 같지 않아서 외부의 자극은 이미 내면에 흔적을 남겨버렸거든요. 빨리 처리하지 않으면 흔적은 점점 쌓이게 되죠. 대부분 사람은 이렇게 자신도 모르는 사이 생각의 변화를 겪으면서도 이를 인식하지 못해요. 그러다 어느 날 갑자기 딴사람이 된 듯한 자신을 발견하고 깜짝 놀라죠."

그녀는 아주 오랫동안 침묵했다. 내가 한 말을 곱씹는 것 같기도 하고 자기 생각을 되짚어보는 것 같기도 했다. 한참 후 그녀는 이렇게 말했다.

"뜻하건 뜻하지 않았건, 내가 마주하고 싶지 않은 사건들을 '무시'한 건 확실한 것 같아요. 하지만 나처럼 예민한 사람이 왜 그랬을까요? 그건 이해가 안 되는데요."

"그건 인간 사고의 결함 때문이에요. 우리는 모든 사람의 내면이 끊임없이 변화한다는 걸 알고 있어요. 속도의 차이가 있을 뿐, 누구도 예외는 아니죠. 그런데 우리는 남들에게 발생한 변화는 더 쉽게 알아차려요. 그러니까 타인이 변했다면, 좋은 쪽으로든 나쁜 쪽으로든 어떻게 변했는지 금방 알 수 있죠. 우리는 보통 '남이 어떤 사람인지'에 대해 흥미가 많고 거기에 대해 이러쿵저러쿵 이야기하는 걸 좋아해요. 거기에 대한 자신의 느낌 또는 자기애를 확인하기 위해서일 수도 있고, 어떤 목적 때문일 수도 있죠. 그런데 자기 자신

여기까지 말하고 나니 목이 말랐다. 물을 벌컥벌컥 들이켜고 싶었으나 한참을 둘러봐도 상상 속의 세계에는 물 한 방울 보이지 않아 포기해버렸다.

외모 씨는 여전히 생각에 잠긴 채 질문을 이었다.

"그럼 사람은 어째서 자신의 변화에 둔감한 거죠?"

나는 마른침을 삼키며 대답했다.

"먼저 자기애로 말미암아 반성하는 능력이 약해지기 때문이죠. 사람들은 일반적으로 심각한 나르시시즘 경향을 갖고 있는데, 이런 자기애가 스스로를 바라보는 눈을 가려버려요. 예를 들어 당신은 자신이 무척 착한 사람이라고 생각하는데, 어느 날 굉장히 인색한 행동을 했다고 합시다. 이 사건은 지금껏 당신이 고수하던 자아인지와 완전히 어긋나요. 만약 다른 사람이 그랬다면 심한 일이라고 생각했을 텐데 당사자가 자신이니 이걸 어쩌다? 나 원래 착한 사람인데 말이야! 결국 당신은 스스로에게 관대해지고 어떻게든 핑계를 찾아 자신을 용서하려 할 거예요. 이렇게 한번 양심을 속이고 나면 당신의 마음속에 흔적이 남게 돼요. 그럼 다음에 또 잘못을 저지르더라도 자신을 벌주려 하지 않게 되죠. 그렇게 시간이 흐르다 보면 이중 잣대가 만들어져요. 소위 '내가 하면 로맨스, 남이 하면 불륜'이란 식으로 남들이 했다면 비난할 일을 자신은 스스럼없이 할 수도 있어요. 그러다 어느 날 갑자기 누군가 당신을 욕하면 그제야 몹시 부끄러워하고 괴로워하죠. 하지만 자신이 그런 사람이라는 사실은 여전히 받아들이지 못해요."

"음, 일리 있어요. 두 번째는요?"

그녀가 독촉하듯 물었다.

"두 번째는 자신이 내면의 변화를 보지 못한다는 것을 믿지 않는 경우예요. 자기 자신을 무척 잘 안다고 착각하는 경우죠. '나는 내 마음을 손바닥 보듯 훤히 아니까 내가 모르는 변화는 있을 수 없어.' 이런 심리는 바람직한 자아인지를 가로막아요."

"또 그다음은요?"

"다음은 없는데요." 내가 말했다. "내가 아는 건 대충 이렇게 두 가지예요."

"아, 미안해요. 내가 좀 서둘렀네요."

그녀가 얼른 사과했다.

"괜찮아요."

"그러니까 지금 내 문제는 자기반성과 자아인지가 부족하다는 거네요?"

"기본적으로는 그렇지만, 그게 막상 개선하려고 하면 쉽지가 않거든요. 한 가지 제안을 드릴게요. 당신 자신이 못생겨진 것 같다고 느껴질 때마다 이렇게 한 번씩 떠올려보는 거죠. 어때요?"

"먼저 어떤 건지 들어보고요."

그녀는 그렇게 말하며 귀 쪽에 드리운 머리카락을 만지작거렸다.

"거울 속에 비친 내가 나 같지 않다고 너무 놀라거나 당황하지 말고, 스스로에게 이렇게 말해보세요. '다른 일에 신경을 쓰느라 오랫동안 내게 소홀했나 봐. 남들은 지켜보면서 나 자신은 제대로 관찰하지 않았던 거지. 내 감정을 너무 버려뒀어. 나의 내면을 쓰다듬고 보살피는 시간을 매일 조금씩 늘려야 할 것 같아. 애완동물을 대하듯 말이야.' 어때요? 할 만하지 않은가요?"

나는 진지하게 말했다. 그녀는 입을 다문 채 생각에 빠졌다.

잠시 후 고개를 끄덕이면서 내 말을 기억하고 시도해보겠다고 말했다. 그 말을 들으니 기쁘고 안심이 되었다. 그래서 나는 오늘 상담은 이 정도로 마치자고 말했다. 그녀는 돌아갈 준비를 하며 몸을 일으켰다. 그런데 돌연 자리에 다시 앉으며 나를 물끄러미 바라보더니 불쑥 물었다.

"당신, 예전에 날 만난 적이 있나요?"

나는 고개를 갸우뚱하면서 다시 한 번 그녀를 자세히 바라보았다. 아무리 봐도 초면이었다. 나의 내면세계에 이런 미인이 또 있을 것 같지는 않은데. 설마 그녀가 내 아니마(Anima, 남성의 무의식 속에 있는 여성적 요소를 의미하는 심리학 용어-옮긴이)인 걸까?

그녀는 약간 실망한 눈치였으나 그래도 나를 향해 생긋 웃어 보였다.

"사실은 말이죠, 당신은 매일 나의 존재를 감지하고 있었어요. 다만 남자이기 때문에 이렇게 여성스러운 생각을 인정하고 싶지 않았던 것뿐이죠."

나는 '아!' 하고 감탄사를 내뱉었다. 마음속에서는 그녀의 말에 강한 거부감이 일었지만, 냉정하게 생각하니 동질감이 생겼다. 그렇다. 마음속 깊은 곳에서 나는 남자가 여성화되는 것, 여성적인 시선으로 문제를 생각하는 것조차 창피한 일이라 여기고 있었던 것이다. 이런 생각은 굉장히 뿌리 깊었다. 초등학교에 다닐 무렵 무술반 수업을 들으면서 조금씩 세상을 보는 시각을 갖췄는데, 당시 무술 사부님이 이런 생각을 주입했다. 사부님은 강한 남자는 피를 흘릴지언정 눈물은 흘리지 않는다고 입버릇처럼 말하곤 했다. 그곳에서 여학생들은 남자로, 남학생들은 야수로 키워졌다. 그런 생각은 좋은 점도 있었지만, 내면의 가장 부드럽고 섬세한 부분을 아주 오랫동안 무시하고 억누르게 하는 계기가 되었다. 실제로 나는 그 후 단순하고 메마른 사람이 되어 영혼이 무척 황폐해졌다.

"당신 말이 맞아요." 나는 예쁜 것을 좋아하고, 때로 우울해지거나 감상적이 되는 나를 떠올렸다. 부드럽고 연약한 내 모습도 상기했다. 그리고 그녀를 향해 미소했다. "당신은, 늘 거기 있었어요."

그녀의 눈동자에 서서히 빛이 돌아왔다. 조금 기뻐하는 것 같왔다.

"내가 이번엔 왜 이렇게 빨리 나타났는지 알아요?"

나는 잠시 생각하다 대답했다.

"너무 오랫동안 억눌려 있어서?"

"반쪽짜리 정답인데." 그녀가 웃었다. "가장 중요한 이유는 그게 아니에요."

나는 다시 생각해보았지만 아무것도 떠오르지 않았다. 그녀는 핀잔하는 투로 말했다.

"아직 내 존재를 정말로 받아들이진 않은 것 같은데요?"

"어째서요?"

나는 멍청하게 되물었다.

"당신이 날 정말로 받아들였다면 나의 고민이 곧 당신의 고민이라는 걸 알아야 하잖아요. 내가 걱정하는 것들이 또한 당신의 걱정이기도 하고요."

그녀는 나를 똑바로 바라보았는데, 눈가에 의미심장한 미소가 걸려 있었다. 그 미소는 마치 풍자의 칼날처럼, 내 머릿속의 두꺼운 장막을 순식간에 찢어버렸다. 그 순간 나는 현재 상태에 만족하지 못하고 시간의 흐름에 불안해하는 나 자신을 봤다. 그랬다. 그녀는 바로 불안에 떠는 나를, 내 앞에 데려다 놓은 것이었다.

도피 씨

당신이 결코 속일 수 없는 사람

세상에는 어려운 일이 두 가지 있다.
하나는 남들에게 보이고 싶지 않은 자신을 드러내는 것이고,
또 다른 하나는 남들에게 보이고 싶지 않은 자신을 숨기는 것이다.
둘 중에 후자가 더 어렵다.
세상 전체를 속인다 할지라도 당신 자신만은 속일 수가 없으니까.

"사람은 왜 도피하려 할까요?"

도피 씨는 내게 이 질문을 자주 던졌다.

그는 열일곱 살짜리 소년이었다. 생각이 하루에도 열두 번씩 바뀌고 차분히 생각할 줄을 몰랐다. 도피하는 것 같다가도 다시 보면 또 무척 용감한 것도 같고, 때로는 굉장히 냉정하게 굴어서 도피 씨라는 이름을 의심하게도 만들었다. 나는 그의 인격이 불안정하다며 자주 놀려댔는데, 그럴 때면 그는 가타부타 대꾸가 없었다.

한번은 공원에 긴 의자를 놓고 누워 일광욕을 하고 있는데 돌연 그가 나타나 말했다.

"사람이 도피하려 하는 이유를 드디어 알아냈어요."

그는 두려움 때문이라고 했다. 나쁜 것을 피하려는 인간의 천성 때문이라는 것이었다.

"나 참, 그건 진즉 알고 있었던 거 아냐?"

"그거랑은 다르다니까요. 이번엔 더 확실하게 알았으니까 최소한 내가 왜 그렇게 자주 변하는지 그 이유는 얘기해줄 수 있죠."

나는 웃었다.

"핵심에서 벗어나지 말라고. 네가 왜 도피하는지를 집중해서 파고들어야 해."

그러자 그가 비웃었다.

"그렇게 하다 보면 왜 도피가 아무 소용이 없는지만 이야기하게 되잖아요. 아, 알았어요. 알았으니까 그렇게 보지 말아요. 먼저, 내가 어떻게 도피하는지부터 말해볼게요."

"말해봐. 듣고 있으니."

그는 말을 멈추고 나뭇가지를 집어 들더니 흙바닥에 동그라미 세 개를 그리고, 생김새가 괴상한 토끼를 한 마리 그린 다음 이렇게 썼다. '교토삼굴(狡兎三窟)', 그러니까 영리한 토끼는 굴을 세 개 판다는 뜻이렷다.

"이해했어요?"

그는 득의양양한 눈치였지만, 나는 미간을 모은 채 어깨를 으쓱해 보였다.

"당최 알 수가 없는걸."

그는 손에 쥔 나뭇가지로 제 머리를 톡톡 치고는 다시 바닥의 글자를 가리켰다.

"영리한 토끼는 굴을 여러 개 파죠. 각양각색의 스타일이 다른 굴을 파요. 단순히 굴을 파두는 것이 아니라 사람에게 쉽게 잡히지 않는 것이 핵심이잖아요. 그러니까 굴을 많이 파두는 것이 곧 포획에서 도피하는 방식이 되는 거죠."

"그래서 네가 바로 그 토끼고, 네가 자주 변하는 건 굴을 파는 행위라는 말이야? 쉽게 변하면 좀더 쉽게 현실에서 도피할 수 있으니까?"

292

나는 웃었다.

"네, 맞아요." 그가 고개를 끄덕이며 웃었다. "내가 잘 변하든 잘 못 변하든, 결국 목적은 하나예요. 싫어하는 것들로부터 멀리 떨어 져 꼭꼭 숨는 거지요."

그때 하늘을 날던 새 한 마리가 휙 지나갔다. 날벌레를 잡으려는 것 같았다. 벌레는 도망갔을까? 그런 의문이 순식간에 뇌리를 스 쳤다. 햇살은 여전히 아름다웠고, 나는 고개를 들어 얼굴에 볕을 듬 뿍 받았다.

"그럼 넌 도피하기 위해 어떤 굴을 파둔 건데?"

"큭, 그야 아주 많지만 크게 세 가지로 나눌 수 있어요. 직접도피 형, 위장형, 부정반격형." 그는 나를 따라 의자에 기대어 햇빛을 받 으며 느긋하게 말을 이었다. "첫 번째는 말 그대로예요. 내가 감당 할 수 없는 것이 다가오면 얼른 몸을 돌려 최대한 멀찌감치 도망가 는 것. 가장 무식한 방법이죠. 더는 도망가지 못할 지경으로 쫓기는 경우가 많으니까요. 그래서 너무 놀라 이성을 잃은 상황이 아니라면 잘 써먹진 않아요."

"그래도 자신의 상태는 확실히 아는 편이군. 네가 두려워하는 것은 네 마음속에 있는데 어떻게 숨겠어?"

"그렇죠. 그래서 두 번째 방법을 발명해낸 거예요. 이른바 위장술 이라는 건데, 무서운 것이 다가오면 최대한 아무렇지도 않다는 듯 웃으며 얼버무리거나 못 본 체하는 거죠. 제아무리 세게 공격을 퍼부어도 모르는 척하거나 궤변을 늘어놓으면, 상대가 어리둥절하면서 내가 겁주려던 게 이놈이 맞나 싶어질 테니까요."

그는 자랑스레 웃음을 터트렸다.

"네 마음을 상대로 웃으며 얼버무린다고? 궤변을 늘어놓고? 대체 무슨 소린지. 예를 하나 들어볼래?"

나는 정말로 이해가 되지 않았다.

"좋아요. 당신은 일일이 설명을 해줘야 이해를 하는군요." 그는 나를 살짝 비꼰 다음 말을 이었다. "이를테면 시험 칠 때요, 시험을 망쳐서 창피를 당할 것 같으면 이렇게 장난을 치는 거예요. '나 머리 아파. 어지럽고 메스껍고 마비가 오는 것 같아. 쓰러지겠어.' 그렇게 억지를 부리는 거죠. 그럼 시험을 성공적으로 피할 수 있는 데다 결과를 책임지지 않아도 되고 동정까지 얻을 수 있어요. 또 실연을 당했을 때도 그래요. 누군가가 전 애인을 거론하거나 전 애인과 운 나쁘게 직접 마주치는 일이 생기면 일부러 못 들은 척, 못 본 척, 아니면 아예 모르는 척을 해버리는 거예요. 이렇게 머릿속에서 그 사람을 완전히 가려버리면 반복적으로 상처받는 일을 피할 수 있으니까. 또 사람들과 함께 식사를 할 때, 요리 하나가 지독하게 맛이 없다면 난 그냥 못 본 척해버려요. 그런데 옆에 있는 사람이 그 요리를 가리키면서 '이거 진짜 맛있네, 먹어봐' 하면서 권할 수도 있잖아요? 그

럼 얼버무리듯이 하하하 웃으면서 알았다고 대답한 뒤에, 젓가락
으론 내가 좋아하는 요리를 집어다 먹고 '음 정말 맛있다' 이러는
거죠…."

나는 웃음을 참지 못했다.

"그게 효과가 있어?"

"그런대로요. 근데 그렇게 하고 나면 슬퍼져요."

"자신을 속였기 때문에?"

내가 물었다.

"네." 그가 말했다. "두려워하고 싫어하는 것들이 버젓이 눈앞에
있는데도, 그냥 못 본 척하면서 아무것도 안 하잖아요. 그게 겉으로
는 잘 도피한 것 같지만 속내는 그렇지 않거든요. 그래서 수비에서
공격으로 전환하는 세 번째 방식을 발명해냈죠."

"그건 또 뭔데?"

나는 그가 말하는 '부정반격형'이라는 것이 무척 궁금했다.

"깊이 생각해보니 알겠더라고요. 내가 특정 사물과 대면하는
걸 두려워하는 이유는 그것이 내게 버거운 상황을 끌어오기 때문
이라는 걸요. 예를 들어볼게요. 저는 전 여자 친구를 만나는 게 두
려워요. 전 여자 친구가 무서운 여자라서가 아니라 '저 멋진 여자가
한때는 내 애인이었지만 이제는 아니다'라는 감정이 너무 두렵기
때문이에요. 이런 감정은 나와 전 여자 친구의 관계를 가늠하는 기

295

준인데, 그게 마치 채찍 같아서 그녀가 나타날 때마다 얻어맞은 듯이 아프거든요. 그 고통에서 도피하기 위해 내가 할 수 있는 유일한 방법은 바로 그 기준을 없애버리는 것뿐이이에요."

그는 조금 흥분한 듯했다.

"어떻게 없애지?"

내가 물었다.

"그야 간단하죠." 그는 숨을 고르며 말을 이었다. "바로 전 여자 친구가 실은 그렇게 멋지지는 않았다고 스스로에게 이해시키는 거예요. 예전에는 멋지다고 느꼈던 것들이 사실 자기최면에 불과했을 뿐이라고요. 그렇게 한두 번 해보면 내가 신경 쓰던 전 여자 친구의 멋진 모습들이 보이지 않게 되죠. 내가 신경 쓰던 것이 없어지면 내 관심도 따라서 사라져요. 관심 없는 것들은 내게 아무런 영향을 줄 수 없고요. 안 그래요?"

"언뜻 일리가 있는 것도 같은데. 효과는 있는 거야?"

내 질문에 그는 뭐 그런 당연한 걸 묻느냐는 투로 대꾸했다.

"당연하죠. 내가 이 방법 덕분에 전 여자 친구의 공포를 극복했다니까요. 다른 두려움들도 천천히 극복했고요."

"그래? 또 어떤 공포들을 극복했는데?"

나는 잘 믿기지가 않았다.

"내가 두려워하는 시험의 경우, 시험이라는 제도 자체를 부정하면서 그런 형식주의의 산물로는 사람의 능력을 제대로 측정할 수 없다고 투덜대죠. 그렇게 생각하면 시험에 신경을 쓰지 않게 되고, 당연히 무섭지도 않으니까 도피하지 않게 돼요. 또 내가 도덕적으로 금기시되는 무언가를 간절히 원한다고 쳐요. 그러면 '갖고 싶다'는 생각을 억누르고 그 상황으로부터 도피하려는 마음이 생기게 돼요. 심지어는 원하는 것을 바라보는 것조차 두려워지죠. 그럼 스스로에게 이렇게 말하는 거예요. '소위 도덕적 기준이라는 건 시대착오적일뿐더러 인간 본성에도 어긋나는 것이니 꼭 따를 필요는 없어.' 그렇게 해서 당당하게 원하는 것을 갖는 거죠. 이런 예는 다른 것도 많지만 이쯤 해둘게요." 그는 고개를 돌리고 다시금 득의양양하게 나를 바라보았다. "이 방법, 어떤 것 같아요?"

나는 그를 힐끗 쳐다본 다음 푸른 하늘로 시선을 돌렸다. 아까 지나갔던 새는 여전히 오르락내리락하며 날벌레를 쫓고 있었다. 과연 잡을 수 있을까?

"넌 두려운 것이 있으면 부정하는 거구나. 그것들의 존재 의미를 부정해버리는 거야. 다시 말해, 네가 두려워하는 모든 사물을 평가 절하해서 고물이나 쓰레기로 치부해버리고, 그렇게 너 자신의 우월감을 높이는 동시에 상대는 언급할 가치도 없는 것으로 만드는 거지. 언급할 가치가 없으니 신경 쓸 까닭이 없고, 신경 쓰지 않는 대상이 됐으니 당연히 도피할 이유도 없어지는 거고. 맞지?"

"맞아요, 바로 그거죠."

그가 경쾌하게 대답했다.

"그렇게 하고 나면 기분이 어때? 즐겁니?"

"대부분은 비교적 좋죠. 유일하게 불편한 구석이 있다면 나의 부정을 뒷받침하고 증명하기 위해 끊임없이 무언가를 해야 한다는 거예요. 좀 피곤하거든요. 어떨 땐 까닭 없이 공허한 기분이 들기도 하고요."

그 자신도 썩 개운치는 않은 모양이었다. 나는 다시 하늘을 올려다보며 말했다.

"당연히 공허하겠지."

"당연히라고요? 그건 왜죠?"

정말 궁금하다는 표정이었다.

"네가 정말로 좋아하고 신경 쓰는 것들을 부정하는 거니까. 네 진짜 바람을 외면하는 거잖아. 너는 더 잔인한 쪽으로 자기기만을 하고 있는 거고, 그럼으로써 얻는 것은 자기최면 식의 쾌락에 불과하지. 하지만 언젠간 너도 알게 될 거야. 네가 느끼는 고통이 점점 커져 너를 통째로 집어삼킬 거라는 걸."

그는 잠시 생각하더니 물었다.

"그럼 전 어떻게 하는 게 좋아요?"

"네가 두려워하는 것들을 인정하고 그것들의 존재를 인정해. 그리고 대면하는 거야. 그다음엔 될 대로 되라고 생각하고 닥치는 대로 대응해나가면 돼."

그는 또다시 곰곰이 생각하고는 입을 열었다.

"맞아요. 아무리 멋진 도피 방법을 발명해도 다 소용없어요. 솔직히 말할게요. 난 내 마음에 들지 않는 세상에서 도망치기 위해 다양한 인격으로 모습을 바꿨어요. 분산 씨, 미루기 씨, 환상 씨, 나약 씨, 귀요미 씨…. 그런데 내가 싫어하는 모든 것을, 결국은 마주해야만 한다는 건 정말로 몰랐죠. 도피는 그저 도피일 뿐이니까요. 내가 온 세상을 속인다 해도 나 자신만은 속일 수 없고, 나 자신을 속여 넘길 수 있어도 내 마음만은 속일 수 없으니까."

나는 놀란 얼굴로 그를 바라보다, 결국 고개를 끄덕이며 웃었다. 우리는 서로 아무런 말도 하지 않은 채 눈앞에서 쫓고 쫓기는 새와 날벌레만 바라보았다. 그때 날벌레가 아주 잠깐 날개를 쉬는가 싶었는데, 순식간에 새가 날아와 잡아먹고 말았다. 새는 아무 일 없었다는 듯 나뭇가지 위로 돌아갔고, 세상은 조용하고도 평화로웠다.

나는 글을 쓰고 싶었다. 머릿속에는 수많은 생각이 있었지만 막상 책상 앞에 앉으면 손이 나가지 않았다. 그런 나날이 얼마간 되풀이되던 어느 날, 그날도 나는 첫 문장을 생각해내지 못해 책상에 손가락만 튕기고 있었다. 그런데 문득 누군가의 시선이 느껴졌고, 내 책상 위에서 나를 향하고 있는 눈동자와 딱 마주쳤다. 순간 너무나 놀라 뒤로 자빠질 뻔했다. 언제부터였는지 모르지만 난쟁이 하나가 서 있었던 것이다. 키가 내 엄지손가락만 한, 무척이나 작은 사람이었다. 남자인지 여자인지, 나이는 몇 살인지 도무지 가늠할 수가 없었다. 얼굴이 쉴 없이 바뀌었기 때문이다. 남자였다가 여자였다가, 늙었다가 젊었다가, 예뻤다가 미웠다가 제멋대로였다.

그는 나와 시선이 마주치고도 그다지 놀라는 기색이 없이 여전히 나를 물끄러미 바라보았다. 나도 그에게서 시선을 뗄 수가 없었다. 그런데 가만 보니 요괴나 귀신같지는 않았고, 달리 내게 해를 가할 것 같지도 않았다.

나는 놀란 마음을 애써 진정시키며 그에게 물었다.

"당신은 누구죠? 왜 여기 있는 거예요?"

내 질문을 귓등으로 들은 듯, 그는 대뜸 말했다. 그것도 반말로.

"글을 쓰고 싶다면서? 그럼 나에 대해 한번 써봐. 내 이름은 '누구나'야. '누구나'에 대한 얘길 쓰는 거지."

나는 또 한 번 놀라 반사적으로 물었다.

"글? 네가 그걸 어떻게 알았지? 게다가 난 너에 대해 아무것도 모르는데 뭘 쓰라는 거야?"

그가 작게 웃으며 말했다. 얼굴은 여전히 정신없이 변하고 있었다.

"그건 걱정하지 않아도 돼. 사실 난 너의 '화신'이야. 네 생각 속에 항상 내가 있으니까 너도 나에 대해 잘 알게 될 거야. 물론 네가 알고 싶어 한다면 말이야."

나는 두 눈을 크게 떴다. 무슨 말인지 도무지 알 수가 없었다.

"네가 내 생각 속에 있다고? 그런데 어떻게 이렇게 내 눈앞에 나타났는데? 화신이란 건 또 무슨."

그는 내 말을 뚝 자르고 말했다.

"암튼 이제부터는 자주 이야길 나누게 될 거야. 너의 여러 모습과 말이지. 구상 같은 건 할 필요 없고 그 얘기를 그냥 받아쓰기만 해. 아마 최고의 작품이 될 거야."

그는 살짝 웃었다. 나를 비웃는 것 같기도 하고 안심시키는 것 같기도 했다. 그러고는 갑자기 내 미간 사이로 훌쩍 뛰어올라 안개

301

처럼 스며들었다. 난쟁이는 사라졌지만 목소리는 계속 들려왔다.

"자신을 속이는 건 불가능해. 마음은 다 알고 있으니까."

그는 언제나 도망치기만 했다고 말했다. 마주하고 싶지 않은 자기 자신으로부터. 결국 그는 사람들 속에서 길을 잃어버렸고, 그래서 진정한 자신을 찾아 나섰다는 것이다.

내 손은 내 마음속의 나와 내가 나누는 대화를 공책에 옮겨 적고 있었다. 그 광경을, 나는 두 눈을 멀쩡히 뜬 채 바라보았다.

– 경징종

자, 내가 하고 싶은 말은 여기까지다. 당신에게 조금이라도 도움이 되었다면 나는 무척이나 기쁠 것이다. 물론 내가 헛소리를 지껄였다 생각하더라도 당신을 탓하지는 않을 것이다. 내가 사람들의 생각을 억지로 바꿀 수는 없으니까. 이 녀석도 어쩌지 못하는데 하물며 다른 사람들을 어떻게 바꾸랴.

나는 줄곧 이 녀석의 의식을 차지하고 있었다. 별로 똑똑하지도 않은 녀석이 고집은 엄청나서 수시로 의식 속으로 들어와 나와 논쟁하려 들었다. 내가 다양한 심리적 고민을 분석만 할 뿐 막상 문제를 해결할 비법은 내놓지 않는다는 것이었다.

좋아, 이제는 잠시 녀석에게 의식을 돌려줘야겠다. 여기서 잠시 돌려줘야겠다고 하는 까닭은, 머지않아 그를 다시 찾을 것 같은 예감이 들기 때문이다. 또다시 그의 의식을 차지하고 앉아 그의 입을 통해 당신들이 어디서도 들어보지 못했던 이야기를 들려줄 생각이니까. 물론 다시 돌아오지 않을 수도 있다. 그걸 누가 알겠어. 뭐 어쨌거나, 다들 잘 지내기를.

- 누구나

심리학책 100권을 읽어도 나를 모르는 사람들을 위한
자기발견의 심리학

나를 읽다

초판 1쇄 발행 2017년 4월 24일
초판 2쇄 발행 2020년 4월 27일
지은이 정징종 | **옮긴이** 이정은

펴낸이 민혜영 | **펴낸곳** 오아시스
주소 서울시 마포구 성암로 223, 3층(상암동)
전화 070-4233-6533 | **팩스** 070-4156-6533
홈페이지 www.cassiopeiabook.com | **전자우편** oasis_editor@naver.com
출판등록 2012년 12월 27일 제385-2012-000069호
편집 박혜원, 진다영 | **디자인** 고광표 | **마케팅** 최승호 | **홍보** 유원형
외주편집 공순례 | **외주디자인** 김태수

ISBN 979-11-85952-76-5
이 도서의 국립중앙도서관 출판시도서목록 CIP은 서지정보유통지원시스템 홈페이지 http://seoji.nl.go.kr 와
국가자료공동목록시스템 http://www.nl.go.kr/kolisnet 에서 이용하실 수 있습니다.
CIP제어번호: CIP2017009088